Les formes de la musique

OUVRAGES SUR LA MUSIQUE PUBLIÉS SOUS LA DIRECTION
DE NORBERT DUFOURCQ ET MARCELLE BENOIT

Olivier ALAIN, *L'harmonie.*
Marcelle BENOIT, *Les musiciens du Roi de France.*
Jean-Claude BERTON, *La musique tchèque.*
Marcel BITSCH et Jean BONFILS, *La fugue.*
Marie-Thérèse BOUQUET-BOYER, *Vivaldi et le concerto.*
Nanie BRIDGMAN, *La musique italienne.*
— *La musique à Venise.*
Bernard CHAMPIGNEULLE, *Histoire de la musique.*
Hélène CHARNASSÉ, *La guitare.*
Hélène CHARNASSÉ et France VERNILLAT, *Les instruments à cordes pincées.*
Michel CHION, *La musique électroacoustique.*
Guy CORNUT, *La voix.*
Georges DOTTIN, *La chanson française de la Renaissance.*
Norbert DUFOURCQ, *L'orgue.*
— *Le clavecin.*
Norbert DUFOURCQ, Marcelle BENOIT et Bernard GAGNEPAIN, *Les grandes dates de l'histoire de la musique.*
Guy FERCHAULT, *Le concerto.*
Brigitte FRANÇOIS-SAPPEY, *Histoire de la musique en Europe.*
Bernard GAGNEPAIN, *La musique française du Moyen Age et de la Renaissance.*
André GAUTHIER, *La musique américaine.*
Georges GOURDET, *Les instruments à vent.*
Georges GUILLARD, *J.-S. Bach et l'orgue.*
André HODEIR, *La musique étrangère contemporaine.*
— *Les formes de la musique.*
Jean-Paul HOLSTEIN, *L'espace musical dans la France contemporaine.*
— *Le solfège.*
Raoul HUSSON, *Le chant.*
Rémi JACOBS, *La symphonie.*
Nicole LABELLE, *L'oratorio.*
Christiane LE BORDAYS, *La musique espagnole.*
Alain LOUVIER, *L'orchestre.*
Armand MACHABEY, *La notation musicale.*
— *La musicologie.*
— *La musique de danse.*
Lucien MALSON, *Les maîtres du jazz.*
Roland MANCINI, *L'art du chant.*
Catherine MICHAUD-PRADEILLES, *L'organologie.*
Sylvette MILLIOT, *Le quatuor.*
— *La sonate.*
Pierre MONICHON, *L'accordéon.*
Carl de NYS, *La cantate.*
— *La musique religieuse de Mozart.*
Jean-François PAILLARD, *La musique française classique.*
Marc PINCHERLE, *Les instruments du quatuor.*
— *Le violon.*
Félix RAUGEL, *Le chant choral.*
Evelyn REUTER, *La mélodie et le lied.*
Frédéric ROBERT, *La musique française au XIXe siècle.*
Claude ROSTAND, *La musique française contemporaine.*
— *La musique allemande.*
Henry de ROUVILLE, *La musique anglaise.*
François SABATIER, *César Franck et l'orgue.*
Pierre SCHAEFFER, *La musique concrète.*
Robert SIOHAN, *La musique étrangère au XXe siècle.*
Rémy STRICKER, *La mélodie et le lied.*
Jean de VALOIS, *Le chant grégorien.*
Jean-Paul VANDERICHET, *Les instruments de percussion.*
France VERNILLAT et Jacques CHARPENTIER, *La chanson française.*
Jean VIGUÉ et Jean GERGELY, *La musique hongroise.*

QUE SAIS-JE ?

Les formes de la musique

ANDRÉ HODEIR

Treizième édition

101e mille

ISBN 2 13 042502 X

Dépôt légal — 1re édition : 1951
13e édition : 1995, octobre

INTRODUCTION

La musicologie a fait d'énormes progrès au cours de ce demi-siècle ; progrès qui n'affectent pas seulement le domaine essentiel de l'acquisition et de la recherche, mais aussi celui, nullement négligeable, de la vulgarisation. Certaines insuffisances n'en paraissent que plus surprenantes. L'une d'elles est l'absence de tout travail de synthèse sur les formes de la musique. Qui cherche des renseignements sur une forme donnée, qui veut avoir un aperçu de son évolution doit, ou se contenter d'un article de dictionnaire forcément incomplet, ou compiler interminablement les ouvrages les plus divers : histoires de la musique, traités de composition ou d'esthétique, monographies.

Le petit livre que voici ne prétend nullement combler cette lacune. Y viserait-il, que ses dimensions forcément limitées rendraient vaines de telles aspirations. Aussi bien l'auteur n'est-il pas un spécialiste de la musicologie ou de l'esthétique, mais plus simplement un compositeur ; et il n'est pas certain que vis-à-vis d'un sujet aussi vaste et complexe, le point de vue de l'artiste soit le plus valable. On n'a pas cherché non plus à traiter les problèmes de la forme et de la structure sur le plan technique, ce qui eût exigé de longues analyses. Ce qu'on s'est efforcé de donner, c'est une définition aussi précise que possible de chaque forme, un résumé de son histoire, une brève étude de sa structure.

La présentation de ces diverses formes dans un ordre chronologique eût posé d'insolubles problèmes ; on s'est donc prononcé, en définitive, pour l'ordre alphabétique, dont l'étudiant pressé d'obtenir un renseignement appréciera les avantages. Cette nomenclature alphabétique est précédée d'un chapitre introductif qui se propose de faire le tour des problèmes abordés ici et d'établir une terminologie. Sur ce dernier point, l'auteur s'est trop engagé pour ne pas s'attendre à de vives critiques. Il semble toutefois que la terminologie adoptée dans ce livre, si elle a le tort d'aller contre l'usage courant, présente quelques avantages. Le lecteur en jugera. Enfin, un tableau central s'efforce de donner une vision aussi claire que possible de l'évolution des formes.

Si le nombre des citations musicales est volontairement réduit, celui des exemples est assez élevé. Ce petit traité étant un ouvrage de vulgarisation, on a pensé qu'il serait bon de ne renvoyer le lecteur qu'à des œuvres connues. En fait, la plupart des titres cités ici figurent fréquemment aux programmes de la radio et des concerts. On ne s'étonnera pas, d'autre part, que la majorité des exemples soit empruntée à l'œuvre de Jean-Sébastien Bach : comment ne pas citer à chaque page d'un livre consacré aux formes celui à qui l'on doit le modèle de chacune des formes de son temps ?

Enfin, d'une édition à l'autre, l'auteur a cru devoir remanier certaines définitions, nuancer certaines affirmations qui ne lui semblent plus correspondre à la vérité objective, ou qui contredisaient les positions esthétiques qu'il a été progressivement amené à prendre au cours des années qui séparent la première rédaction de ce petit livre, de sa réimpression.

PREMIÈRE PARTIE

GENRE, STYLE, FORME ET STRUCTURE

> Que quelque chose domine tout le reste, soit par sa grandeur, soit par sa fonction, soit par son intérêt.
>
> RUSKIN.

Peut-être n'est-il pas inutile de fixer dès l'abord le sens de certains termes dont on sera amené à faire, dans le courant de l'ouvrage, un usage des plus fréquents. L'entreprise n'est pas aussi aisée qu'elle le paraît à première vue, si l'on veut bien considérer qu'il arrive à des esthéticiens en renom de se quereller sur le sens exact des mots *forme* et *structure*. L'auteur de ce modeste essai d'initiation ne prétend nullement trancher un débat qui sans doute le dépasse. Tout au plus essaiera-t-on d'être logique avec soi-même et, ayant une fois défini ces termes, de n'en pas donner diverses interprétations contradictoires.

Les termes dont il est question ici sont au nombre de quatre ; il s'agit des mots *genre*, *style*, *forme* et *structure*. On voudrait tenter d'en proposer une définition à laquelle puisse se rallier, sinon l'esthéticien, tout au moins le musicien.

Le genre. — On peut donner, du *genre*, deux définitions très différentes en apparence, mais qui se complètent assez bien. C'est, selon la première, un certain esprit qui préside à la conception d'une œuvre ; selon la seconde, la réunion en une même famille d'un certain nombre de formes ayant entre elles de suffisantes affinités de caractère.

Les distinctions entre les genres peuvent être d'ordre spirituel (musique sacrée, musique profane) ou d'ordre technique (musique vocale, musique instrumentale). Plus précisément, tout cela s'interpénètre : l'art sacré — comme l'art profane — peut être instrumental aussi bien que vocal. De même, l'art lyrique, subdivision de l'art vocal, tient de la musique profane (opéra, cantate profane) et de la musique sacrée (cantate d'église, oratorio, passion). Ces exemples suffisent à montrer que la notion de genre est en elle-même assez malléable. De subdivision en subdivision, il devient même parfois difficile de préciser où finit le genre, où commence la forme. Si la sonate, le trio, le quatuor sont de toute évidence des formes voisines qu'on peut légitimement réunir en une famille, celle de la musique de chambre, combien plus ardue se révèle, par exemple, la juxtaposition de l'opéra et de l'opérette. Sont-ce vraiment là deux formes qu'on puisse classer sous une même étiquette, celle de l'art lyrique ? Qui ne voit que leurs styles, plus encore que leurs structures, s'opposent violemment ? La somme de leurs affinités égale-t-elle celle de leurs dissemblances ? Ne serait-il pas plus raisonnable d'y voir deux genres différents ? A ces deux dernières questions, on ne peut répondre avec certitude.

Toutefois, si vague et arbitraire soit-elle, la notion de genre est commode, nécessaire même : elle permet de mieux délimiter les problèmes que posent les notions de style et de forme.

Le style. — La notion de style est plus précise, mais non moins complexe. Il est indispensable de l'envisager sous deux angles différents : dans ses rapports avec le créateur d'une œuvre, et en fonction du genre auquel l'œuvre appartient.

Dans le premier cas, on peut dire que le style est l'espèce de sceau que l'artiste imprime à sa pensée, et qui, une fois celle-ci matérialisée par la technique, fait que l'œuvre est originale ou ne l'est pas, suivant que l'auteur est ou non doué d'une personnalité bien affirmée. C'est par le style que vit l'œuvre ; c'est le style qui lui donne un visage, qui permet d'en identifier l'auteur ; c'est l'absence de style qui fait l'œuvre médiocre. En ce sens, on peut avancer que l'importance du style dépasse celle de la forme : n'est-il pas évident que, bien qu'épousant dans son ensemble le même moule unique (celui de la « forme sonate ») que ceux de ses contemporains, l'œuvre de musique de chambre de Mozart s'en distingue, et les surclasse aisément, par la personnalité et la force du style ?

Le mot style peut aussi, dans un sens plus restreint, désigner l'écriture même du compositeur. On peut, aussi légitimement qu'en littérature on désigne par le style de La Bruyère ou celui d'Albert Camus leur façon d'écrire, parler du style de Ravel dans un esprit tout à fait analogue. C'est alors aux procédés employés, à la tournure familière des phrases plus qu'à la pensée créatrice proprement dite qu'on fait allusion. Cependant, dans la mesure où un créateur se sert de tournures et de procédés qui lui sont propres, l'idée de personnalité, ici encore, s'impose à l'esprit.

Il en va différemment si l'on envisage la notion de style en fonction du genre — ou de la forme — auquel l'œuvre appartient. Une telle association n'est nullement arbitraire ; de plus, elle est fréquente : qui n'a vu ou entendu employer des expressions comme « le style de la fugue » ou « le style lyrique » ? Il est certain que chaque genre, chaque forme même s'accommode d'un style qui lui est propre. Pour le créateur, il s'agit en quelque sorte de trouver un « terrain commun » à son style personnel et au style du genre où il a choisi d'œuvrer. Cela se fait insensiblement s'il est naturellement porté à s'exprimer dans le langage voulu : Palestrina, même partant d'un thème profane, compose plus aisément une messe qu'un madrigal. Souvent ce « terrain commun » n'existe pas ; sa recherche tourne alors au compromis et rebute l'artiste : Wagner se détourne de la musique de chambre ; Schubert, malgré ses efforts, ne réussit pas à écrire un bon opéra. Mais c'est quelquefois du refus de tout compromis que naît le renouvellement d'un genre : on pense à Debussy imposant un style nouveau au théâtre lyrique — exception qui confirme la règle.

Il convient de noter que cette notion de style-genre est infiniment plus vague que celle de style-personnalité. Ainsi, entre le *Barbier de Séville* et *Pelléas*, qui appartiennent tous deux au genre théâtre lyrique, la communauté de style est à peu près inexistante ; tandis qu'on ne saurait nier les profondes affinités de *Pelléas* et du *Quatuor en* sol *mineur*, œuvres rattachées à des genres diamétralement opposés, mais issues d'une même plume. On se propose d'ailleurs de revenir un peu plus loin sur ce problème du style considéré dans ses rapports avec le genre et la forme.

Forme et structure. — Chacun sait ce qu'est *une forme* : un certain type d'œuvre. La symphonie est une forme ; le concerto en est une autre. La première diffère du second en ce que le compositeur y parle un langage proprement orchestral, tandis que le style instrumental intervient dans le concerto, modifiant radicalement l'essence de l'œuvre.

Définir *l'idée de forme* est infiniment plus difficile. Il semble qu'on ne puisse y parvenir qu'après avoir fait minutieusement le tour des problèmes qui s'y rattachent : il faut d'abord situer ce concept par rapport aux notions de structure, de genre, de style, puis en évaluer la nécessité.

Par *forme*, on entend généralement désigner la manière dont est construite une œuvre ; définition beaucoup trop vague pour être de quelque utilité, et qui, en outre, a le grave inconvénient de prêter à confusion entre les termes *forme* et *structure* (ce qui ne manque pas de se produire, ainsi qu'on l'a vu au début de ce chapitre). On préférerait celle que propose Boris de Schloezer, selon qui la structure est l'agencement de diverses parties en vue de constituer un tout, tandis que la forme est précisément ce tout en tant que tel, considéré dans son unité. Il ne s'agit pas là, comme on pourrait le penser, d'un même concept alternativement examiné sous deux angles différents, celui de la synthèse et celui de l'analyse. L'idée de forme est infiniment plus large que l'idée de structure. Sans doute l'englobe-t-elle : il est exact que certaines formes ne diffèrent entre elles que par des détails architectoniques ; mais ceux-ci suffisent rarement à conditionner une forme. Si l'on compare, du point de vue de la structure, l'opéra de Haendel à celui de Debussy, il semble qu'il n'y ait entre l'un et l'autre presque rien de commun. Le premier est découpé en « numéros » nettement séparés : arias, récitatifs, duos, etc., le second se compose d'un certain nombre de tableaux au cours desquels les éléments du drame s'organisent autour d'un développement mélodique continu, que l'orchestre accompagne et qu'il commente parfois au moyen du *leitmotiv*. En revanche, si cette comparaison est faite sous le signe de la forme, il apparaît que les différences, quoique plus nombreuses que les similitudes, sont aussi moins profondes, et que l'objet premier de l'opéra : exprimer une action dramatique au moyen des voix et des instruments, reste identique.

De ce qui précède, il ressort que l'idée de forme est liée à la nécessité profonde de l'œuvre, à son essence, plus qu'à sa structure. Lorsqu'un compositeur choisit d'écrire un quatuor à cordes, c'est d'abord parce qu'il lui plaît de s'exprimer dans un langage instrumental à quatre voix. Les problèmes de structure ne se posent qu'ensuite. Cela est vrai même dans le cas d'une œuvre de circonstance : lorsqu'un mécène commande un trio ou une messe, il est très rare qu'il précise si ce trio doit être conçu selon la forme sonate ou cette messe écrite sur un seul thème. Seules certaines formes conditionnées par leur structure même — la passacaille, par exemple — échappent à cette règle ; encore les compositeurs ont-ils appris, au cours des siècles, à remettre en question les servitudes que leur imposent les moules les plus rigides.

On conçoit aussi que l'idée de forme puisse être associée à l'idée de genre et à l'idée de style. A l'idée de genre, parce qu'il est évident que certaines formes appartiennent à un genre déterminé : la sonate à la musique de chambre, la messe à la musique sacrée. A l'idée de style, parce que, ainsi qu'on l'a déjà vu, chaque genre s'accommode d'un style qui lui est propre. Il y a un style du concerto de soliste, dans la mesure où cette forme se propose de mettre en évidence un instrument tout en l'opposant à l'orchestre ; et Ravel, comme Schumann, chacun dans son style personnel, ont observé ce style général. Ce n'est pas tant par la structure — souvent à peu près identique — qu'un concerto de Beethoven diffère de telle de ses sonates, que par le style : le compositeur s'y est proposé un objectif d'un tout autre ordre.

Si les problèmes que soulèvent le genre, la forme, le style d'une œuvre sont la plupart du temps négligés non seulement par l'auditeur, qui ne réalise pas que pour bien la comprendre — donc pour en tirer joie et profit — il faut la bien situer, mais aussi par l'interprète, dont trop souvent le zèle se borne à en traduire les notes, c'est-à-dire l'enveloppe grossière, que dire de ceux que pose sa structure, sinon que neuf fois sur dix l'un et l'autre les ignorent ?

Que l'amateur se soucie moins de la structure que du contenu émotif de l'œuvre, c'est, après tout, assez légitime. Prenons un exemple concret : considérons une table. Dans la mesure où cette table n'est pas un simple objet d'utilité pratique, mais un meuble d'art, on peut certainement lui appliquer les définitions de genre, de forme, de style et de structure précédemment énumérées. On dira, par exemple, qu'elle appartient au genre meuble, qu'elle est de forme table de salle à manger, de style Empire. Quant à sa structure, il faudra, pour la définir, préciser de combien de pièces elle est faite, si elle comporte ou non des rallonges, si ses pieds sont reliés par une transversale, etc. On conçoit que de tels détails intéressent plus le menuisier ou l'ébéniste que l'amateur, à qui il peut suffire que la table soit belle. De même, l'architecture interne d'un mouvement de sonate peut laisser indifférent l'auditeur ; l'homme du métier, appelé à l'exécuter, devrait en connaître les plus infimes articulations.

Par leur nature même, les problèmes de structure sont des problèmes techniques, que connaissent bien ceux-là seuls qui ont mené de suffisantes études de composition musicale. On ne peut demander à l'amateur d'être en mesure d'analyser un choral d'orgue ou une fugue de Bach ; c'est là travail de spécialiste. Toutefois, il semble qu'on ne puisse bien suivre une œuvre dans son déroulement et ses diverses péripéties si l'on ignore tout de sa construction. Peut-être ne faut-il pas chercher ailleurs la principale raison de l'indifférence ou de l'hostilité que rencontrent la majeure partie des « premières auditions » : dérouté par des thèmes qu'il ne connaît pas et qu'après une simple exposition il ne parvient pas à reconnaître au passage, l'auditeur, très souvent, perd pied dès les premières mesures, même si le style de l'œuvre lui est plus familier que sa structure. Il a l'impression confuse de se trouver dans une sorte de labyrinthe sonore, dont il ne peut trouver l'issue. Du fait qu'il manque des points de repères indispensables, le discours musical le plus logiquement construit lui paraît incohérent. La constatation, maintes fois renouvelée, que « le public des grands concerts n'aime que ce qu'il connaît bien », n'est, semble-t-il, que la conséquence de l'état d'insécurité où le place, devant toute œuvre nouvelle, l'absence de ce fil d'Ariane qu'est la conscience de la structure.

Nécessité de la forme et de la structure. — Peut-être est-il encore un peu tôt pour donner, de l'idée de forme, une définition précise. On n'a pas encore examiné un problème d'importance capitale : celui de la nécessité profonde de la forme et de la structure. Il semble qu'on ne puisse le faire avec quelque garantie d'objectivité qu'en mettant systématiquement en doute les acquisitions de dix siècles de tradition occidentale. Le lecteur comprendra que ni le but, ni les dimensions de ce modeste essai ne permettent une telle attitude d'esprit. On doit ici se limiter à un certain empirisme.

Est-il indispensable qu'une œuvre musicale ait

une forme et une structure ? La musique s'adressant à la sensibilité dans une plus large mesure qu'à la raison, faut-il que celle-ci impose un cadre, une organisation à ce qui pourrait n'être qu'une suite de sensations agréables ou bouleversantes, rudes ou raffinées ? L'art des sons est-il frère de l'architecture plutôt que de la poésie ? Ne doit-on pas craindre que le souci exclusif de bien construire ne chasse du discours musical toute spontanéité ?

Ces objections ne sont nullement négligeables. Qu'une maîtrise parfaite de la forme ne puisse suffire à créer une musique valable, cela n'est pas douteux : l'exemple de certains polyphonistes du bas Moyen Age pour qui l'élaboration d'un canon à douze ou seize voix était une fin en soi montre assez bien comment le souci de la forme, lorsqu'il se substitue à l'émotion, peut conduire au formalisme. Mais si la forme n'est pas tout, il ne s'ensuit pas qu'elle soit inutile. Même le travail de ces polyphonistes ne l'a pas été : il a préparé le terrain à l'art merveilleusement expressif et équilibré de la Renaissance. Aussi bien, de quelque côté qu'on se tourne, où aperçoit-on une grande œuvre musicale dont tout souci de forme soit absent ? Il n'est pas jusqu'aux chefs-d'œuvre de l'impressionnisme — école anti-formaliste s'il en est, pourtant — qui ne témoignent, dans leur flou même, d'un minimum architectonique en deçà de quoi il semble bien n'exister plus de musique. C'est qu'une phrase musicale, si belle soit-elle, n'atteint son summum expressif que lorsqu'elle est en parfaite harmonie avec ce qui l'entoure. Que serait une œuvre dont chaque partie, loin de concourir à former un tout cohérent, pourrait être supprimée, remplacée, transplantée au gré de la fantaisie d'un interprète ? une œuvre où il n'y aurait ni continuité, ni construction, ni logique dans l'articulation ? où tout serait soumis au plus méprisable des arbitraires : celui du hasard ?

Au niveau du discours musical, la nécessité de la forme apparaît dès que l'on veut bien considérer le déroulement de ce discours comme *créateur de situations.* De même que tel geste, telle réplique n'ont de sens, au théâtre, qu'en fonction d'une situation préalablement formée, de même, en musique, tel retour d'un thème, telle succession de tonalités, telle combinaison de motifs ne peuvent être éclairés que par ce qui les a précédés.

Il n'est pas interdit d'aller plus loin et d'affirmer que certaines idées structurelles, que certaines réalisations formelles peuvent être belles en soi, et que les œuvres qui en résultent, fussent-elles apparemment vides d'émotion humaine, peuvent être riches d'émotion esthétique. Cette « beauté de la forme », beauté pure s'il en est, faut-il que l'auditeur prenne pleinement conscience du processus dont elle use pour se manifester ? Pas nécessairement. Il se peut que les structures profondes d'une œuvre demeurent inaperçues de l'auditeur, qu'elles restent en quelque sorte sous la ligne de flottaison tout en contribuant efficacement à la marche sereine du navire. Si l'on supprimait certaines imitations, certains canons sous-jacents que l'oreille ne perçoit guère et dont l'existence ne se révèle, très souvent, qu'à l'analyse, bien des pièces de Bach perdraient l'essentiel de leur équilibre le plus secret.

Il est clair que l'art ne peut s'accommoder du chaos. Même le jazz, cette glorification des sens, cette musique d'un peuple pour qui les joies essentielles sont d'ordre physique, est organisé, obéit à une forme, à une structure. Comment l'esprit européen admettrait-il que la musique puisse aller à l'aventure ? De toutes ses forces il se refuse à courir un tel risque. Tout au contraire, il ne se satisfait que de ce qui approche un certain sentiment de perfection qu'il porte en lui. C'est ce goût de la perfection qui lui fait haïr le mélange des styles, rechercher la pureté comme le bien suprême, s'efforcer vers un parfait équilibre dans la construction. Il a de longtemps compris qu'un tel équilibre ne pouvait être atteint que par l'Unité. Comme l'homme, si divers cependant dans sa structure et son comportement, naît d'une seule cellule, l'œuvre doit se développer à partir d'un élément unique. Mais unité n'est pas synonyme de monotonie. Tout l'art du créateur consiste à tirer, de cette cellule initiale, le maximum de diversité ; c'est à quoi s'efforce, par exemple, la technique de la *variation*, l'une des formes les plus pures de la musique occidentale.

Il semble qu'on élimine ainsi, comme impures, les structures bi et tri-thématiques. Cela n'est vrai qu'en apparence. Même lorsqu'ils forment contraste l'un avec l'autre, les deux thèmes de la sonate classique ne sont nullement hétérogènes. Conçus en fonction l'un de l'autre, ils ne sauraient être considérés séparément. Aussi bien, leur opposition même donne lieu à une sorte de conflit à l'issue de quoi, habituellement, l'un des deux affirme sa suprématie : là encore, le principe d'unité est sauvegardé.

Il est à noter que le système tonal en honneur pendant plus de trois siècles dans la musique occidentale a été un prodigieux facteur de construction et d'unité. C'est autour de cet axe que s'articule le jeu des expositions, des contre-expositions et des développements qui est l'essentiel de la structure de l'œuvre classique. Mais il est peut-être plus remarquable encore que le liquidateur du système tonal, Arnold Schœnberg, ait songé à organiser le nouveau monde de la non-tonalité à partir d'un procédé, celui de la série de douze sons, qui assure d'une façon plus rigoureuse que jamais la prééminence de l'idée d'Unité. On peut penser que cette organisation n'a pas un caractère définitif ; il n'en reste pas moins que la tentative schœnbergienne confirme une des tendances permanentes de la musique occidentale.

Si l'on quitte le terrain de l'architectonique pour se placer de nouveau sur celui du style, la nécessité de l'unité apparaît plus grande encore. Certaines formes à la structure imparfaite font état d'un minimum d'équilibre qui suffit à les justifier. Mais il n'est pas d'exemple qu'une œuvre de style hétérogène, si intéressante soit-elle par certains côtés, puisse conserver quelque efficacité. Le mélange des styles équivaut à l'absence de style. C'est par la magie du style que l'artiste crée l'univers dans lequel se meut l'œuvre. Cet univers vient-il à se modifier ? un renversement des valeurs s'opère alors, qui change la couleur et la signification des éléments les plus stables en apparence et rend l'œuvre inintelligible.

Ainsi la grande notion d'Unité, à laquelle il faut bien ramener tout débat sur la forme et la structure — comme sur le style — domine-t-elle l'art européen tout entier.

Définition de la forme. — Il semble maintenant qu'on soit en mesure de définir la forme. *La forme, c'est la manière dont une œuvre s'efforce d'atteindre l'unité.* Plus est grande la diversité que cette manière met en jeu, plus la forme est riche ; plus les différents éléments introduits se coordonnent en un tout homogène, plus la forme est parfaite.

Cette définition a l'avantage de mettre en lumière l'essence même de l'œuvre. Qu'est-ce, en effet, qui conditionne une forme donnée ? Ici, un certain type de thème (le choral) ; là, l'alternance, le dialogue (le concerto) ; ailleurs, un procédé d'écriture (l'organum). C'est la permanence de ce thème, c'est cette alternance du soliste et de l'orchestre, c'est ce procédé d'écriture qui sont *essentiels* ; c'est à travers eux que l'œuvre s'efforce d'atteindre l'unité. Certes, beaucoup de formes, qu'on pourrait désigner sous le nom de *formes architectoniques*, se caractérisent uniquement par leur structure : ainsi la passacaille vit de son agencement, le rondo de sa coupe. D'autres, plus complexes, ont plusieurs raisons d'être : la symphonie s'explique à la fois par sa structure et par son organisation purement orchestrale. Ramener le problème de la forme à une simple question de structure est, on l'a vu, une erreur fréquente ; mais pour être commune, une erreur n'en est pas moins une erreur. On a l'espoir de s'être gardé de celle-ci.

DEUXIÈME PARTIE

PRINCIPALES FORMES DE LA MUSIQUE

L'AIR DE COUR

L'air de cour, dont la carrière historique s'étend de la fin du XVIe au milieu du XVIIe, est une forme vocale mineure. On désignait sous ce nom, à l'époque, toutes sortes d'airs à chanter de caractère galant ou pastoral, mondain ou même populaire, à l'exclusion toutefois des airs à boire, de danse ou de caractère religieux. Généralement à une voix, l'air de cour n'a pas l'ampleur de l'aria ; son accompagnement se réduit au seul luth, plus tard remplacé par la basse continue.

Dramatique avec Guédron, précieux avec Boesset, l'air de cour constitue l'élément principal du *ballet de cour* (v. ce mot), très en vogue sous Henri IV et Louis XIII. Il disparaît avant la fin du XVIIe, remplacé sur le plan artistique par l'aria lulliste, sur le plan populaire par le vaudeville ou *voix de ville*.

Structure. — L'air de cour est de coupe strophique, et comporte souvent un ou plusieurs *doubles* (v. *suite*), sortes de variations ornées et improvisées, où le chanteur cherche à se mettre en valeur. La ritournelle et le prélude instrumentaux y sont facultatifs.

L'ANTHEM

L'*anthem* (de *anti-hymne* ou *antienne*) est une forme vocale religieuse, spécifiquement anglaise, mais dont le *motet* et la *cantate* sont des équivalents latins ou germaniques. C'est Henry VIII qui, en imposant à son peuple, au début du XVIe, une nouvelle liturgie, donne à l'anthem toute son importance. Le texte est une traduction ou une paraphrase anglaise de la Bible. Les proportions sont variables, la forme elle-même n'étant pas fixée, mais se transformant au cours des siècles, comme le motet. Tous les grands maîtres anglais l'ont traitée : Byrd, Gibbons dans le style polyphonique, J. Blow et surtout Purcell et Hændel dans le style monodique et concertant.

Structure. — La formule originelle de l'anthem est celle du chant alterné. A la fin du XVIe, sa structure est devenue tout à fait comparable à celle du motet polyphonique en imitations. Puis elle prend l'aspect de la cantate. On distingue alors la *full anthem*, écrite pour chœur, avec ou sans accompagnement instrumental, de la *verse anthem* monodique, où dominent un, deux ou parfois trois solistes. La *full anthem with verse* réalise la symbiose des deux formules.

L'ARIA

Au sens large, l'*air* ou *aria* est une grande mélodie vocale ou instrumentale, généralement accompagnée à l'orchestre, et qui trouve sa place — la plus importante peut-être — dans tout ouvrage de caractère lyrique : opéra, cantate, oratorio, etc. Dans la suite instrumentale, l'aria est une pièce mélodique qui, par opposition aux autres mouvements, n'a pas caractère de musique de danse. L'aria est apparue, comme l'opéra, au début du XVIIe siècle. Son évolution, dans la forme comme dans le style, est assez intimement liée à celle du théâtre lyrique en général.

Structure. — L'aria peut emprunter les structures les plus diverses. Aux XVIIe et XVIIIe, elle épouse volontiers, même dans l'opéra, la forme binaire qu'elle prend dans la suite instrumentale, à l'imitation des mouvements de danse (*Aria* de la *Suite en* ré, de J.-S. Bach).

Mais elle trouve sa structure la plus courante dans l'*Aria da capo*, élément important de l'opéra italien et même de l'opéra français (l'analogie avec le rondo est évidente) entre la fin du XVIIe et la fin du XVIIIe. L'aria da capo (*da capo :* du commencement) se résume schématiquement par la figure ABA : c'est, on le verra, la structure type de l'art occidental. Après une ritournelle instrumentale, la voix principale expose une longue période (A) principalement axée sur le ton initial. Puis, dans un ton voisin (relatif ou dominante), une seconde période (B) apporte une diversion. Enfin, reprise de la période A, précédée de sa ritournelle. Cette forme d'aria est également employée par J.-S. Bach (airs de la *Passion selon saint Matthieu*).

On trouve encore, notamment chez Rameau, un type d'air en trois parties et sans reprise, qu'on peut réduire au schéma ABC. Ici l'unité est quelque peu sacrifiée à la diversité ; mais elle est sauvegardée sur le plan tonal : si A, après avoir imposé le ton principal, évolue vers la dominante ; si B évite le ton principal pour se terminer au relatif (parfois relatif et dominante se trouvent intervertis, A allant vers le relatif, B vers la dominante), le troisième volet affirme toujours, et de façon décisive, la suprématie du ton initial.

Certains maîtres du XVIIe aiment à construire une aria sur une basse contrainte ou *ground* (v. ce mot). Cette formule, comme la précédente, est beaucoup moins courante que l'aria da capo.

La cavatine, fort en honneur au temps de Mozart, est une forme d'aria assez condensée, en une seule partie ; les reprises, répétitions de texte et longues fioritures vocales, typiques de l'aria de style italien, y sont généralement évitées (*Aria* d'Elvire, *Don Juan*, I).

Enfin, depuis Wagner, l'air cesse d'être enfermé dans un cadre rigide. Il s'épanouit librement sur un fond symphonique dont l'importance égale celle de la partie vocale et suit de plus près le texte, rejoignant ainsi l'arioso (*Tristan et Isolde*).

L'ARIOSO

L'arioso, forme essentiellement vocale, est une sorte de *récitatif accompagné* (v. ce mot), de caractère très mélodique, mesuré, expressif, « à la façon d'un air », comme l'indique son nom, et qui tient le milieu entre le récitatif pur et l'aria. On en trouve des exemples dès le début du XVIIe, dans les premiers opéras vénitiens, et notamment chez Monteverdi. A la fin du XVIIe et au début du XVIIIe, il prend une importance considérable dans certains types d'opéra ou d'oratorio, où il précède et annonce les principales *arias* (Hændel, Bach). L'évolution ultérieure du style dramatique laisse peu de place à l'arioso traditionnel, qui tombe en désuétude. Cependant l'esprit de l'arioso se manifeste en certaines occasions. L'ample mélodie wagnérienne, sans structure définie, appuyée sur un fond symphonique continu, est certainement beaucoup plus proche de l'arioso que du récitatif ou de l'aria.

Structure. — Mélodiquement, l'arioso est d'un tour plus ample que le récitatif accompagné ; rythmiquement, il est plus carré, plus mesuré : par ces deux points il se rapproche de l'aria, dont il n'a cependant ni les proportions, ni la construction en plusieurs parties. Toutefois, chez certains auteurs — et notamment chez J.-S. Bach *(La Passion selon saint Matthieu)* — il est soumis à une rigoureuse organisation : la mélodie, certes, évolue librement, mais dans le cadre des modulations que lui impose l'orchestre. Celui-ci s'attache à développer un dessin caractéristique, généralement très court. L'usage de cette sorte de cellule modulante donne à l'arioso de Bach une grande unité, que ne compromet nullement la hardiesse avec laquelle l'auteur passe d'une tonalité à une autre, parfois très éloignée.

LA BALLADE

La ballade moderne, qui apparaît vers la fin du XVIIIe siècle, est d'abord une manifestation typique du romantisme allemand. Elle n'a d'autre ressemblance avec la ballade médiévale (v. *formes médiévales*) que le fait d'être — en général — inspirée par un texte littéraire. Vocale à l'origine, cette forme obéit à la structure simple, strophique, des ballades de Gœthe. C'est une composition pour chant avec accompagnement de piano ou d'orchestre. Un peu plus tard, elle prend de l'ampleur : les chœurs sont sollicités (Schumann) ; parallèlement elle s'étend au domaine de la musique instrumentale, sans toutefois y perdre son caractère épique et narratif : elle apparaît alors, quoique dans une moindre mesure que le poème symphonique, comme une manifestation de la « musique à programme ».

LE BALLET

Le ballet est une forme dramatique dont l'action est figurée par des pantomimes et des danses. C'est généralement une œuvre pour orchestre ; cependant le chant y intervient parfois. On distingue le ballet en tant que forme autonome, du ballet intercalaire, qui se place au cours d'un opéra, à titre de divertissement. L'un et l'autre ont tour à tour prédominé au cours de leur histoire, dont les origines remontent à l'Antiquité. Au XVe siècle, le ballet pur est fort en honneur dans les cours françaises et italiennes. Au XVIe siècle apparaît le *masque* (v. ce mot), une des formes les plus importantes de la musique dramatique anglaise. L'équivalent français en est la *mascarade*, de style polyphonique, qui, en s'élargissant, devient le *ballet de cour*. A la fois instrumental et vocal, le ballet de cour français coïncide, dans un esprit très voisin, avec les premiers essais de monodie dramatique des Florentins (fin du XVIe). Jusqu'à Lulli, il jouit d'une vogue considérable. De là sortira la *comédie-ballet* de Molière et Lulli, combinaison de comédie parlée, de chant et de danses, puis l'*opéra-ballet*, qui en est une amplification sur le plan lyrique. Il convient de noter qu'au XVIIe, l'opéra-ballet est également en usage en Allemagne et en Italie, sous le nom de *balletto*. Mais c'est le Français Rameau qui en donnera le chef-d'œuvre au XVIIIe avec les *Indes galantes*.

Les classiques et romantiques ayant abandonné toutes ces variétés de ballet autonome, celui-ci ne renaîtra que vers la fin du XIXe. Mais cette résurgence devient éclatante en 1909 grâce aux Ballets Russes de Diaghilev, qui font du ballet la forme dramatique actuellement la plus vivante. Le ballet moderne vise haut : il prétend tout exprimer sur le plan dramatique par le seul truchement de la pantomime, de la danse et de la musique. Qu'elle ait ou non atteint son but, cette conception a suscité des œuvres d'une grande ampleur et d'une haute tenue musicale (*Daphnis* de Ravel ; *Petrouchka* et le *Sacre* de Stravinsky). Parallèlement, certains maîtres ont tenté de faire renaître, sous une forme plus moderne, l'ancien opéra-ballet (*Padmâvatî* d'Albert Roussel).

Le ballet intercalaire est également fort ancien : au XVe siècle, les représentations de tragédie comportaient des danses, chantées ou non, à l'imitation des chœurs dansés antiques. Au XVIIe, l'*intermède* italien (v. ce mot), dont le sujet est absolument indépendant de l'action principale, est très souvent prétexte à des danses. En France, le ballet qui vient s'intercaler dans l'opéra pour en agrémenter la représentation s'efforce d'être en rapport avec l'action sinon amené par elle. Cette conception prévaudra au XIXe siècle, où il n'est guère d'opéra italien ou français qui ne comporte un ou plusieurs ballets. Mais ce type de ballet décoratif n'a aucune place dans le drame musical moderne, plus soucieux de conflits psychologiques que de divertissements spectaculaires : à partir de Wagner, et dans toutes les œuvres qui se rattachent à ses conceptions dramatiques, le ballet intercalaire disparaît. C'est une des causes principales de la renaissance du ballet autonome.

Structure. — Comme l'opéra, le ballet peut s'organiser selon deux formules opposées. La plus ancienne est celle dite du ballet « à numéros », dans laquelle les diverses danses dont se compose l'œuvre sont nettement caractérisées et différenciées les unes des autres. Tous les ballets intercalaires se rattachent à ce type. Le ballet moderne, au contraire, est le plus souvent divisé en scènes, enchaînées les unes aux autres de façon quasi continue.

LA CANTATE

La cantate est une scène lyrique en plusieurs parties. Destinée au concert ou à l'office, elle ne comporte pas à proprement parler d'action dramatique ; on ne *joue* pas une cantate. Il convient de distinguer la cantate de chambre (profane) de la cantate d'église. L'une et l'autre appartiennent à l'art vocal, encore que l'importance de l'orchestre n'y soit nullement secondaire. Comme l'opéra, la cantate apparaît au début du XVIIe siècle, alors que s'impose la monodie accompagnée. Les Florentins Caccini et Peri sont les premiers à traiter cette forme, sans lui donner encore son nom originel de *cantada*. Ce n'est d'abord qu'une courte scène fragmentée, à personnage unique. Quelques instruments accompagnent la voix. Avec Rossi et Carissimi (milieu du XVIIe), la cantate prend de l'ampleur : l'orchestre se développe, le nombre des personnages augmente et les ensembles vocaux font leur apparition. Au temps de Bach, elle met souvent en jeu une certaine masse chorale. D'Italie, elle est passée en France où Charpentier, puis Clérambault, Rameau, Bernier se révèlent des maîtres de la cantate profane, tandis que Du Mont et La Lande, dont les psaumes et grands motets sont extrêmement proches de la cantate d'église, excellent dans les sujets religieux. En Allemagne, Keiser, Telemann et J.-S. Bach cultivent l'un et l'autre genres. Comme beaucoup d'autres formes nées aux XVIe et XVIIe, la cantate, négligée par les classiques et les romantiques, ne retrouve une certaine importance qu'au XXe, notamment avec Strawinsky *(Perséphone)*. Dans l'*Ode à Napoléon*, Schœnberg a créé un nouveau type de cantate à personnage unique ; celui-ci, accompagné par un ensemble de chambre, déclame selon le procédé de la *sprechmelodie* (mélodie parlée) (v. *anthem*, *concerto vocal*, *grand motet*, *oratorio*, *villancico*).

Structure. — D'une façon générale, on peut dire de la cantate traditionnelle qu'elle est une forme composée, qui réunit en les organisant plusieurs formes distinctes. A l'origine, ce sont l'aria, l'arioso et le récitatif ; puis apparaissent le duo, plus rarement le trio, enfin le chœur et, dans nombre de cantates allemandes, le choral. Chez J.-S. Bach, le maître incontesté de la forme, trois types principaux se dégagent : la cantate pour voix seules, qui ne comporte que le récitatif, l'arioso, l'aria, le duo et parfois le trio *(Cantate 51)* ; la cantate-choral, où dominent les ensembles vocaux, qui est organisée autour d'un choral *(Cantate de Pâques)* ; enfin une troisième formule qui réalise en quelque sorte la symbiose des deux précédentes *(Cantate de la Réformation)*.

LA CANZONE

Le mot italien *canzone* peut être pris dans son sens littéral de *chanson* (v. ce mot) ; toutefois, ce n'est pas de cette forme essentiellement vocale qu'il s'agit ici, mais d'une autre, à laquelle elle a donné naissance : la *canzone* instrumentale ou *canzone da sonar* (sonar : sonner, jouer d'un instrument). C'est, à l'origine (XVIe siècle italien), une simple transcription pour l'orgue d'œuvres vocales, et plus spécialement de chansons polyphoniques françaises. Par la suite, les polyphonistes italiens (les Gabrieli au XVIe, Frescobaldi au XVIIe) composent des *canzone* originales, mais où demeure le souci d'adapter aux instruments (orgue, cuivres ou archets) le style vocal. La *canzone da sonar* est partiellement à l'origine de la sonate.

Structure. — Comme la forme voisine du riçercar, la canzone est faite d'épisodes de style fugué s'enchaînant les uns aux autres. Toutefois, ces diverses parties sont ici plus nettement différenciées : elles empruntent alternativement les mesures à quatre et trois temps, les fragments à trois temps constituant en quelque sorte des variations des épisodes à quatre temps (v. *variation, ricercar*).

LA CASSATION

La cassation (de *cassazione* : départ) est une sorte de divertissement plus spécialement destiné à être exécuté en plein air, le soir : d'où son instrumentation, où dominent les vents. Très en vogue à l'époque du style galant (seconde moitié du XVIIIe), cette forme a été complètement négligée depuis (v. *divertissement, sérénade*).

LA CHACONE

La chacone est une ancienne danse, à trois temps, d'origine espagnole. Comme la passacaille, dont elle se distingue peu, elle apparaît au XVIe et prend, au cours du siècle suivant, une grande importance en tant que forme instrumentale. Elle est parfois incorporée à la suite, en manière de pièce finale. Les Français des XVIIe et XVIIIe l'associent au *rondo* (v. ce mot). A la fin du XVIIIe, l'opéra français l'utilise encore très fréquemment en tant que finale de ballet. Le XIXe siècle a négligé cette forme, mais le XXe semble vouloir y revenir : s'inspirant de la célèbre pièce de Bach, Béla Bartok place en tête de sa *Sonate* pour violon seul une *Chacone* ; Maurice Ravel réussit, avec son *Boléro*, une adaptation spécifiquement orchestrale du principe de la chacone (v. *ground, passacaille*).

Structure. — Comme la passacaille et le ground, la chacone consiste en une série d'expositions d'un même thème ; mais ici le dessin générateur n'est pas seulement varié dans son accompagnement ; il est susceptible de transformations qui affectent ses contours propres, selon le système de variation dit d' « amplification thématique ». Tel est le cas de la *Chacone* pour violon seul de J.-S. Bach, où le thème subit trente-deux modifications mélodiques qui transcendent la simple ornementation (v. *variation*).

Le *Boléro* de Ravel met en œuvre un système de variation inédit : ici le thème est exposé intégralement dix-sept fois, sans que ni ses contours ni son accompagnement soient modifiés ; le compositeur a volontairement limité son effort de renouvellement à l'orchestration.

LA CHANSON POLYPHONIQUE

La chanson polyphonique est une des formes essentielles de l'école franco-flamande du XVIe siècle. Elle est née d'une fusion de l'esprit populaire de la chanson monodique et du langage savant du motet contrapunctique en imitations. Comme le madrigal italien contemporain, elle est destinée à être chantée *a cappella*. Le nombre des voix semble assez variable : si l'écriture à quatre parties est la plus courante, les exemples de chansons à trois, cinq et six voix abondent. Le caractère de la chanson polyphonique n'est pas moins divers : à côté des œuvres pittoresques d'un Janequin, des textes licencieux mis en musique par un Lassus ou un Costeley, ne trouve-t-on pas parfois chez un Josquin l'expression pathétique la plus intense ?

Structure. — La chanson polyphonique n'a pas de structure bien déterminée. Elle emprunte souvent celle, commune aux rondeau, virelai et ballade médiévaux dont elle procède, de l'alternance couplet-refrain. Mais cette alternance peut revêtir divers aspects. Dans *La plus belle de la ville*, de Janequin, le refrain se présente chaque fois identique à lui-même, paroles et musique, tandis que chacun des trois couplets conserve la même musique sous des paroles différentes. Dans *Le chant des oiseaux*, du même, chaque retour du refrain se fait sur de nouvelles paroles, celles-ci rendant nécessaires des modifications d'écriture, et chaque nouveau couplet diffère du précédent par sa partie la plus amusante, faite d'onomatopées de toutes sortes (cette œuvre est une des plus anciennes manifestations connues de la musique descriptive).

Parmi les autres formules d'usage courant, on peut citer celle qui, s'inspirant du motet, attribue à chaque phrase un dessin mélodique repris en imitations par les diverses voix. Cependant ce procédé n'est jamais exploité de façon aussi rigoureuse que dans le motet ; ainsi, certaines chansons de Roland de Lassus l'opposent à des passages homophones destinés à faire contraste *(Soyons joyeux sur la plaisante verdure)* ; d'autres s'en rapprochent davantage qui, introduisant sans cesse de nouveaux motifs, vont d'une traite jusqu'à la double barre finale sans la moindre répétition de phrase ou reprise même partielle du début *(Las, voulez-vous qu'une personne chante)*.

A cette dernière structure, la plus libre de toutes, s'apparentent celles où, sur un texte différent, se répètent la première ou les deux premières phrases musicales, la fin de la pièce évoluant librement (*Quand mon mary vient de dehors* de Lassus). Une chanson comme *Mignonne, allons voir si la rose*, de Costeley, fait état d'une construction plus subtile : à première vue il semble qu'elle comprenne un couplet (à trois voix) et un refrain (à quatre) s'enchaînant deux fois sur des paroles différentes ; mais un examen plus approfondi montre que la reprise n'est pas textuelle : outre qu'elle est notablement resserrée (vingt-quatre mesures au lieu de quarante), on relève dans la partie finale d'appréciables changements mélodiques, ayant pour effet, bien que ce second passage à quatre voix procède indubitablement du premier, de lui donner un caractère assez différent. L'un et l'autre sont d'écriture strictement homophone, tandis que les passages à trois voix sont contrapunctiques. Il est moins fréquent qu'une chanson soit entièrement homophone (*Las, viens moi secourir*, de Janequin).

LE CHŒUR

On donne couramment le nom de *chœur* à toute pièce chorale qui ne se rattache pas à une forme déterminée comme le madrigal, le choral ou la chanson polyphonique. Si le chœur tel qu'on vient de le définir est assez rare en tant qu'œuvre autonome, on le rencontre très souvent à partir du XVIIe siècle dans la cantate, l'oratorio et l'opéra. Il n'a de structure ni de style bien définis. Un des maîtres de la forme, Hændel, se plaisait à y faire alterner le style fugué et l'écriture syllabique (*Alleluia* du *Messie*). Le chœur est rarement destiné à être chanté *a cappella*.

LE CHORAL

On appelle choral un type de cantique extrêmement répandu en Allemagne depuis la Réforme, et qui est à la base de toute la liturgie luthérienne. Il prend son origine dans le *volkslied* ou chanson populaire allemande ; mais l'influence de certaines formes populaires non germaniques et le souvenir de certains hymnes grégoriens peuvent avoir joué un rôle important dans sa formation. Il apparaît au début du XVIe siècle ; Luther lui-même passe pour en avoir écrit quelques-uns. Traité de façons très variées par les maîtres allemands du XVIIe (Scheidt, Pachelbel, Boehm, Reinken, Buxtehude), le choral alimente tout une école de polyphonie où semblent s'être réfugiés l'esprit mystique et les conceptions musicales des contrapunctistes du Moyen Age et de la Renaissance. Cet art atteint son apogée avec J.-S. Bach, qui donne au choral les aspects les plus divers, intéressant aussi bien la musique vocale que la musique d'orgue et même la musique instrumentale. Comme la fugue, le choral est quelque peu tombé en désuétude à partir du milieu du XVIIIe, bien que des musiciens comme Franck et Honegger aient tenté, non sans succès, de lui donner une vie nouvelle.

Fig. 1. — *Choral de Luther*. Version originale. Début

Structure. — Il convient de distinguer le choral de ses revêtements polyphoniques. Le choral proprement dit n'est, on l'a vu, qu'un simple cantique. Comme tel, sa structure est des moins complexes : elle se résume en une division de la mélodie en périodes plus ou moins symétriques, généralement séparées par des points d'orgue. Souvent les deux premières périodes donnent lieu à une répétition (ABABCDEF). Les premiers chorals, conçus dans le but de rénover le chant d'assemblée, étaient chantés à l'unisson. Mais ce genre de thème se prête parfaitement aux combinaisons contrapunctiques les plus savantes, de même qu'il s'accommode d'un soutien de caractère harmonique. En cela, il diffère du *cantus firmus* d'origine grégorienne ; il s'en distingue encore, tout au moins à partir du XVIIe siècle, par son caractère de plus en plus mesuré, carré et tonal. Si en effet, à l'origine, le choral, écrit en valeurs longues et brèves, apparaît infiniment moins complexe que le chant grégorien, même dans sa forme desséchée du XVIe siècle, il témoigne d'une indépendance rythmique que les premières périodes du fameux choral dit « de Luther » suffisent à illustrer (fig. 1).

Si l'on compare la version originale de ce cantique avec celle qu'en donne deux cents ans plus tard J.-S. Bach, il est facile de constater que le choral, pendant cette période, a perdu en liberté et en fraîcheur ce qu'il a gagné en carrure et en stabilité. C'est qu'entre temps est apparue la barre de mesure ; et les musiciens du XVIIe, en s'ingéniant à faire entrer les mélodies dans le nouveau système métrique musical, en ont souvent détruit le caractère rythmique qu'elles tenaient de la langue même (fig. 2).

Fig. 2. — *Choral de Luther*. Version de Bach

Quant aux structures pouvant s'élaborer à partir du choral, l'œuvre de J.-S. Bach n'en offre pas moins de douze types différents, qui, pour la plupart, empruntent leur raison d'être à la technique de la variation. Parmi les formules les plus couramment employées dans la musique d'orgue du maître d'Eisenach, il faut citer :

1° Le choral contrapunctique, où le thème de choral est généralement présenté à la partie supérieure, tandis que chacune des autres voix fait entendre un dessin rythmique et mélodique continu, qui lui est propre ; parfois une même cellule rythmique circule d'une partie intermédiaire à l'autre (choral *Viens, sauveur des païens*, de l'*Orgelbüchlein*) ;

2° Le choral fugué, qui vient du ricercar italien et, à travers lui, du motet vocal : chaque période donne lieu à un épisode qui s'ouvre par une sorte de petite exposition de fugue (choral *Credo du Dogme*) ;

3° Le choral figuré, qui diffère du précédent en ce que le thème entre toujours en valeurs longues, précédé à chaque épisode des entrées en valeurs brèves des autres parties ; c'était la formule favorite des maîtres organistes de l'Allemagne du Sud au XVIIe siècle (Pachelbel, Walther) ; J.-S. Bach l'a souvent reprise, notamment dans sa dernière œuvre *(Devant ton trône je vais comparaître)* ;

4° Le choral en canon, où le thème est accompagné d'une ou plusieurs imitations canoniques, généralement à l'octave, soit en valeurs longues, soit en valeurs égales, soit par diminution ou augmentation (choral *In dulci jubilo*, de l'*Orgelbüchlein*) ;

5° Le choral orné, où le thème, présenté à la partie supérieure, est enjolivé de nombreuses broderies et ornements (choral *O Homme, pleure sur tes péchés*, de l'*Orgelbüchlein*) ;

6° Le choral varié, où se trouvent successivement traitées, outre les diverses formules déjà énoncées, toutes celles que peut suggérer l'art de la variation (*Choral varié* ou *Partita* en sol mineur) ;

7° La fantaisie sur le choral, qui fait appel aux mêmes éléments, mais de façon moins stricte, plus mélangée que dans le choral varié (*Veni Creator*).

A ces structures, propres à la musique d'orgue, viennent s'ajouter d'autres types de choral plus spécifiquement vocaux. Ce sont :

1° Le choral harmonisé, généralement écrit à quatre voix ; la mélodie est à la partie supérieure ; les autres voix, quoique traitées dans un esprit contrapunctique, sont presque toujours syllabiques, c'est-à-dire que chaque syllabe y est entendue simultanément ; ce type de choral, le plus simple, est aussi le plus fréquent dans les cantates et passions (choral *Herzlich* de la *Passion selon saint Matthieu*) ;

2° Le choral paraphrasé, qui est une combinaison du choral harmonisé, chanté par le chœur, et d'un dessin en forme de variation mélodique, confié à un instrument de l'orchestre (choral *Jésus, que ma joie demeure*) ;

3° Parfois la paraphrase se combine avec une forme plus riche que celle du choral harmonisé : dans la *Passion selon saint Matthieu*, le choral n° 35 (*C'est toi, pécheur...*), est traité en choral mi-fugué, mi-figuré ;

4° Une construction plus complexe encore est celle du premier chœur du même ouvrage, où le thème de choral vient se superposer à une sorte de vaste fugue vocale et orchestrale en double-chœur ;

5° Mais d'autres formules plus simples se trouvent dans les cantates : tel est le cas du choral en trio, également utilisé dans la musique d'orgue : la mélodie est au ténor, tandis que la basse et la voix supérieure, généralement confiées aux instruments, alimentent la polyphonie par un dessin emprunté à la première période du thème (verset en trio de la cantate *Wachet auf*, n° 40).

L'utilisation spécifiquement symphonique du choral est assez exceptionnelle. Le finale de la *Symphonie pour cordes*, d'Honegger, en fournit un exemple intéressant : au développement symphonique du morceau, qui se poursuit, vient se superposer en manière de conclusion une mélodie de choral. De l'opposition de ce thème calme et majestueux et de la polyphonie tourmentée qu'il domine naît un contraste saisissant ; mais le caractère inattendu de cette rencontre ne contribue peut-être pas à renforcer l'unité de l'œuvre.

LE CONCERTO

On distingue plusieurs espèces de concertos : le concerto vocal, le concerto grosso et le concerto pour soliste ; les deux dernières appartiennent à la musique instrumentale.

Le concerto vocal. — C'est le *concerto da chiesa*, (concerto d'église) qui apparaît à la fin du XVIe siècle, chez les Gabrieli. Il s'agit d'une œuvre vocale d'inspiration religieuse, avec accompagnement instrumental (parfois réduit au seul orgue) ; en somme, une sorte de *cantate* (J.-S. Bach n'intitulera-t-il pas *concerti* ses cantates ?). Son nom de *concerto* vient de l'idée de *concurrence* (des voix et des instruments). Le concerto de chambre vocal apparaît dans la première moitié du XVIIe, mais n'est guère important ; il se rattache également à la cantate.

Le concerto grosso. — C'est aussi bien un concerto de chambre *(concerto da camera)* que d'église ; seul son caractère en décide. Ici les instruments « concertent », se concurrencent entre eux : l'orchestre est divisé en deux groupes : celui des solistes ou *concertino*, d'une part, et d'autre part le *ripieno* ou *grosso*, c'est-à-dire la masse orchestrale ; d'où le nom de *concerto grosso*. C'est chez Schmelzer, un Allemand, qu'apparaît pour la première fois cette forme, en 1674 ; mais ce sont les Italiens, et surtout Corelli, qui l'organiseront et lui donneront toute son ampleur. Cependant, les modèles du concerto grosso sont les six *Concertos brandebourgeois* de J.-S. Bach.

Le concerto grosso est ensuite abandonné, au profit de la *symphonie concertante* (v. ce mot).

Le concerto pour soliste. — Le concerto pour soliste apparaît au début du XVIIIe siècle, chez Torelli. Il diffère du concerto grosso en ce que le groupe des solistes est remplacé par un seul instrument, qui « concerte » avec l'orchestre entier. Vivaldi, Hændel développent cette forme. J.-S. Bach écrit les premiers concertos pour clavier. Puis vient le règne de la symphonie : à son image, le concerto prend des proportions considérables ; l'orchestre d'accompagnement croît en importance, tandis que la partie confiée au soliste sacrifie de plus en plus à la virtuosité, surtout à partir de Paganini et Liszt. Le répertoire du concerto pour soliste n'en est pas moins brillant : on y trouve les noms de presque tous les maîtres passés et présents, de Vivaldi à Dallapiccola, qui ont écrit des concertos pour presque tous les instruments.

Structure. — Le concerto n'a pas de structure propre. Dans la mesure où il s'identifie à la cantate, le concerto vocal lui emprunte la sienne. Le concerto grosso s'ordonnance selon le plan de la sonate pré-classique, qu'enrichit l'apport de son appareil instrumental plus fourni ; ainsi l'alternance du ripieno et du concertino autorise-t-elle, par le facteur de variété qu'elle introduit, de plus larges proportions. Il en est de même du concerto pour soliste qui, d'abord monothématique, adopte le deuxième thème à l'image de la symphonie et de la sonate : l'exposition y est précédée d'une sorte de pré-exposition où sont entendus à l'orchestre les principaux thèmes, avant que l'instrument soliste ne les énonce. Le développement n'est, la plupart du temps, qu'un prétexte à virtuosité pour le soliste ; d'où une alternance de « passages chantants » et de « traits » qui, trop souvent, donne à cette forme une allure conventionnelle.

Le concerto comporte traditionnellement trois mouvements. Chacun d'eux se termine en principe par une *cadence* ou *point d'orgue*, sorte de brillante péroraison où le soliste n'est plus soutenu par l'orchestre, suivie de la reprise du thème principal en manière de coda. Au XVIIIe, il était d'usage d'improviser la cadence ; mais il en résulta des abus de virtuosité analogues à ceux qui avaient amené les compositeurs à composer eux-mêmes leurs *doubles* (v. *suite*). A partir de Beethoven, l'usage s'imposa d'écrire intégralement la cadence. Il est juste de préciser que d'autres maîtres (J.-S. Bach, dans le *Ve Concerto brandebourgeois*) l'avaient précédé dans cette voie.

LE DIVERTISSEMENT

Le divertissement ou *divertimento* est une sorte de *suite* instrumentale, mais de forme plus libre : il n'y a pas obligatoirement, entre les différents morceaux dont il se compose (généralement cinq ou six, ou même davantage) d'affinités de structure. D'autre part, il est, en principe, écrit pour un groupe d'instruments solistes plutôt que pour l'orchestre.

Il fait son apparition vers le milieu du XVIIIe siècle, remplaçant la *suite*, dont il est issu. Il se distingue de la sonate classique, sa contemporaine, par une facture plus simple (écriture peu contrapunctique, développement très restreint), des dimensions moins vastes malgré un plus grand nombre de mouvements et le caractère relativement dansant de ceux-ci.

Le divertimento fut très en honneur à l'époque du « style galant » (seconde moitié du XVIIIe) : on en écrivait pour instruments à vents, pour vents et cordes, pour pianoforte, etc. Il finit cependant par être absorbé par la musique de chambre (quatuor et quintette), pour reparaître au XXe (Strawinsky, Bartok), sous une forme plus condensée et dans un esprit moins léger.

L'ÉTUDE

On ne saurait entendre le terme d'étude dans un autre sens que celui de travail, de recherche. Mais ici cette recherche porte simultanément sur deux points bien différents : 1° sur les éléments proprement musicaux ; 2° sur les éléments de pure technique instrumentale. Une étude bien conçue doit donc faire une part à peu près égale à la musique et à la virtuosité : c'est le cas chez Chopin. Les origines de l'étude sont assez lointaines : au XVe siècle on écrivait déjà des pièces pédagogiques pour l'orgue ; au XVIe, pour le clavecin. Les *Inventions* de Bach ne sont-elles pas des sortes d'études ? Toutefois, le terme n'est employé pour la première fois que par Cramer et Clementi, vers la fin du XVIIIe.

L'étude n'a pas de structure précise. Elle emprunte sa coupe à différents types : forme binaire, lied ou, plus rarement, rondo.

LA FANTAISIE

La fantaisie est, en principe, une pièce instrumentale de structure libre ; ou plus exactement, qui emprunte la structure, sinon l'esprit, d'une forme voisine : ricercar, prélude ou sonate, selon les époques. La fantaisie prend son origine au XVIe siècle. Au XVIIe, les virginalistes anglais, qui l'ont adoptée, la nomment *fancy*, l'identifiant ainsi au ricercar ; les polyphonistes italiens et allemands la traitent également. Au XVIIIe, J.-S. Bach la considère comme un grand prélude (*Fantaisie et fugue en* sol *mineur*, pour orgue). Elle se transforme totalement dans la seconde moitié du XVIIIe, devenant une sorte de sonate de construction moins rigide (Mozart). Au XIXe, le mot ne désigne plus, le plus souvent, que des arrangements, sortes de pots-pourris sur les principaux airs d'un opéra *(Fantaisie sur Carmen)*, dont le public est alors très friand, mais qui, outre leur faible intérêt musical, n'ont rien de commun avec la première acception du terme.

Structure. — La structure de la fantaisie varie selon les auteurs et même les œuvres. Chez Froberger, par exemple, la fantaisie, assez construite, se rapproche de la canzone : on y trouve une série d'épisodes traités dans l'esprit de la variation, sur un thème conducteur. Chez Bach, elle peut être très charpentée (*Fantaisie en* ut *mineur* pour clavecin) ou très libre (*Fantaisie en* sol *majeur* pour orgue). La fameuse *Fantaisie en* ut *mineur* pour piano de Mozart est un grand allegro de sonate dont le plan tonal s'écarte des conceptions traditionelles.

FORMES MÉDIÉVALES (1)

On a réuni, sous ce vocable, les principales formes qui ont animé la musique occidentale au Moyen Âge. Certaines, comme la messe et le motet polyphoniques, n'y figurent qu'à titre indicatif : c'est qu'elles ont connu un développement ultérieur d'une importance telle qu'on ne saurait légitimement les traiter dans le cadre forcément restreint de la musique médiévale ; à moins d'admettre la thèse — d'ailleurs parfaitement défendable — selon laquelle le Moyen Age musical s'étendrait jusqu'à la fin du XVIe siècle. D'autres au contraire n'ont guère survécu à cette mi-XVe siècle où l'on fixe communément la fin de la période médiévale ; c'est de celles-là qu'il est question dans ce chapitre. Ainsi considéré, le Moyen Age apparaît comme un vaste champ d'expérience dont sauront profiter les admirables écoles franco-flamande, italienne, espagnole et anglaise du XVIe siècle. Que le Moyen Age ait d'abord été ce temps d'élaboration du langage polyphonique ne diminue en rien la perfection de certaines œuvres

(1) Pour la clarté de ce chapitre, on a cru devoir y adopter un ordre plus chronologique qu'alphabétique.

médiévales et ne fait qu'ajouter au génie de leurs créateurs, les Léonin, Pérotin, Adam de La Halle, Machaut, Landini, Dunstable, Binchois, Dufay.

Les formes grégoriennes. — Le plain-chant grégorien, codifié à la fin du VIe siècle par le pape Grégoire Ier, qui lui a donné son nom, est tout à la fois l'aboutissement d'une pratique millénaire, celle du chant monodique, et la plate-forme où va s'édifier, quelques siècles plus tard, l'art de la polyphonie. Essentiellement liturgique, il prend ses origines dans les psaumes judaïques et s'enrichit progressivement d'apports aussi divers que ceux des traditions païennes syriaque, égyptienne, romaine et grecque. Saint Ambroise (IVe siècle) passe pour avoir propagé en Occident l'antiphone, c'est-à-dire l'alternance de deux chœurs qui se répondent. Dans son œuvre d'organisation et d'épuration du chant d'église, saint Grégoire consacre cette tradition par le premier de ses livres, l'*Antiphonaire*, tandis que le second, le *Cantatorium*, est destiné au chant en solo des psaumes par le diacre.

Les formes grégoriennes, nombreuses en apparence, se distinguent davantage les unes des autres par leur signification liturgique que par leur conformation musicale. Cependant on peut les classer en deux grandes catégories :

1° Les formes récitatives : ce sont des chants déclamés *recto tono*, c'est-à-dire sur une même note. Cette note unique, sur laquelle s'appuient toutes les syllabes du texte, est toutefois encadrée de formules mélodiques très courtes, l'*intonation* (introductive), la *mediatio* (suspensive) et le *ponctum* (conclusif). A ce type appartiennent les leçons, oraisons et préfaces, et, d'une façon générale, la psalmodie.

2° Les formes mélodiques : ici domine la vocalise.

La mélodie part presque invariablement du grave, s'épanouit en une montée vers l'aigu et revient conclure sur la tonique. Sur le plan rythmique, ce double mouvement se traduit par un élan suivi d'un repos. Les répétitions de phrases, avec ou sans changement de texte, sont fréquentes. Ainsi, dans les exemples les plus anciens, les neuf invocations du *Kyrie* sont-elles réparties selon le plan le plus simple : AAA BBB AAA ; mais plus tard on en trouvera de plus évolués : ABA CDC EFE. A ce type appartiennent encore l'alleluia, le trait, sorte de variation strophique d'une mélodie, l'hymne, ordinairement versifiée, où apparaissent les longues et brèves antiques, et l'antienne, sorte de refrain où se joignent les deux chœurs de l'antiphone, et qui peut être également psalmodiée.

De l'alleluia vont naître, indirectement, de nouvelles formes. L'alleluia, qui emprunte au Kyrie son schéma ABA, comprend une grande vocalise centrale (B) dite *jubilus*. Au IXe siècle, l'usage se répand d'adapter un texte à cette vocalise, à raison d'une syllabe par note. « Cette coutume engendra bientôt celle de paraphraser, parfois longuement, les textes de l'office par des développements, également chantés. C'est ce qui fut appelé les *tropes*. De nombreux chants de l'office actuel, *séquences* et *proses*, ont été d'abord des tropes de textes plus anciens. » (Chailley.)

C'est par une généralisation un peu sommaire que l'on rattache au plain-chant la séquence et le trope : déjà l'une et l'autre s'écartent sensiblement de la pure tradition grégorienne.

Le chant grégorien, qui dès le bas Moyen Age a subi une grave dégénérescence, ses traditions essentielles ayant été perdues, a retrouvé depuis la fin du XIXe siècle, grâce à l'effort des moines de Solesmes, une partie qu'on peut estimer importante de sa pureté primitive. Il demeure le chant d'église par excellence et constitue le fonds immuable de la liturgie catholique.

La chanson monodique. — Il est difficile, sinon impossible, d'apporter quelque précision sur les origines de la chanson médiévale. Sans doute les influences les plus diverses s'y sont-elles combattues. Selon une hypothèse qui paraît assez bien fondée, celle de la musique d'église — plain-chant grégorien et tropes — aurait été prépondérante ; encore ne faut-il rien systématiser : on peut penser qu'il s'est produit, entre la tradition sacrée et le répertoire profane, un incessant échange et non une poussée unilatérale.

C'est à partir du XIe siècle que la chanson profane s'organise sur le plan artistique. Trouvères et troubadours inventent musique et paroles, improvisant un accompagnement instrumental dont on suppose qu'il ne différait guère de la mélodie. Cet art de la chanson se développe, souvent lié à celui de la danse, au cours des XIIe et XIIIe siècles. Sa diversité est grande : galant avec la *pastourelle*, quasi-religieux avec le *planh*, aristocratique ou populaire, il peut aussi bien prendre une forme dialoguée *(jeu-parti)* que s'intégrer à un genre littéraire, roman courtois ou miracle. Plus tard, et tandis que naissent et prospèrent les diverses formes de chansons à plusieurs voix, la chanson monodique connaît un certain déclin. Toutefois, l'œuvre des *minnesaenger* allemands du XIIIe, héritiers des troubadours et trouvères nobles, n'est nullement négligeable. Du XIVe au XVIIe, la tradition germanique se perpétue à travers les générations de *meistersinger* (maîtres chanteurs), gardiens d'un art bourgeois, étroitement formaliste.

Les diverses structures qu'adopte la chanson monodique peuvent, selon Th. Gérold, se résumer à quatre types principaux : la chanson sans refrain, la chanson avec refrain différent pour chaque strophe, la chanson à refrain émanant de la mélodie du couplet (ou la déterminant), la chanson à structure fixe. Ce dernier type comprend la ballette, d'où sortiront la ballade, le rondel et le virelai, qui donneront naissance au rondeau-virelai.

Jeux liturgiques et profanes. — De certains tropes en forme de dialogue va naître, dès le Xe siècle, un embryon de drame : le jeu liturgique, qui se développe au cours du Moyen Age pour aboutir aux représentations de la confrérie des Oratoriens, d'où sortira l'oratorio. Les sujets bibliques sont les plus fréquents. Chaque épisode donne lieu à une mélodie qui est parfois reprise dans une autre scène. Les instruments, cythares, vielles et harpes, soutiennent parfois chœur et solistes. Les origines du théâtre musical profane sont probablement moins anciennes. La plus célèbre pièce médiévale, le *Jeu de Robin et Marion* d'Adam de la Halle (fin du XIIIe), sorte de pastourelle dramatique, comprend cinq petites chansons et de très courtes mélodies intercalées dans le dialogue. Les unes et les autres étaient fort probablement chantées sans aucun accompagnement instrumental.

L'organum. — L'organum ou diaphonie est un procédé d'écriture qui a conditionné une forme. Il faut y voir la plus ancienne tentative d'organisation d'un langage proprement polyphonique (IXe s.). Cela ne va pas sans tâtonnements : l'organum primitif est extrêmement rudimentaire. Sur le *cantus firmus*, phrase de plain-chant exprimée en valeurs égales, vient se greffer la *voix organale*, sorte de contrepoint note contre note qui évolue à distance de quinte ou de quarte, en un strict parallélisme. Un type plus évolué de diaphonie est

Fig. 3. — Musica enchiriadis : *Organum Rex Celi* (IXe siècle)
La voix organale est au-dessous du *cantus firmus*

celui où la voix organale, partant de l'unisson et s'en éloignant jusqu'à la quarte inférieure, se maintient à cet intervalle en une série de mouvements parallèles que chaque incise rompt pour faire se rejoindre les deux parties sur l'unisson. La voix organale était écrite ou, plus communément, improvisée par un chantre. Etait-elle ou non ornée ? il est impossible de l'affirmer. Plus tard, une troisième voix vient s'ajouter, doublant à l'octave le *cantus firmus* : il en résulte une polyphonie de quintes et quartes parallèles évoluant toujours selon le même rythme, note contre note (fig. 3).

A partir du XIIe siècle, l'écriture polyphonique s'enrichit d'un nouveau procédé, celui du *déchant*. Ici la voix organale est remplacée par une voix appelée *discantus* (d'où le nom de cette technique), qui s'en distingue par sa position et sa démarche : en effet, le discantus, souvent improvisé, se place au-dessus du cantus firmus — qui, passant à la basse, prend le nom de *teneur*, dont on a fait *ténor* — et use avec une certaine liberté du mouvement contraire, mettant fin au parallélisme obligé de l'ancien organum et donnant lieu à des rencontres d'unissons, de quartes, de quintes et d'octaves alternés. Au XIIIe, la voix improvisée est couramment ornée. Cette pratique de l'improvisation dans le déchant à deux voix demeurera assez vivace jusqu'au XVIe siècle ; toutefois, les progrès de la polyphonie, en imposant l'écriture à trois, puis à quatre voix, contribueront à l'éliminer progressivement de la création musicale occidentale, de plus en plus soumise désormais à l'élaboration.

Au cours du XIIe s. apparaît également un nouveau type d'organum qu'on pourrait appeler l'organum libre. Il y règne en effet une grande liberté d'écriture et d'expression, d'où résulte une souplesse polyphonique qui fait contraste avec l'aspect guindé de l'organum primitif. Le propre de ce nouvel organum est la mobilité : mobilité de la polyphonie, qui ne s'impose la consonance que sur les points d'appui principaux ; mobilité de la mélodie, obtenue par d'incessantes vocalises. L'organum de Pérotin (début du XIIIe siècle) est à deux, trois et quatre voix. Sur un ténor emprunté au plain-chant, mais exprimé en valeurs extrêmement longues, viennent se greffer une, deux, trois voix organales, abondamment ornées.

Le gymel. — Forme unique de la première polyphonie anglaise, le *gymel* diffère de l'organum en ce qu'il utilise des intervalles harmoniques moins spécifiquement consonants : à la quarte et la quinte se substitue ici la tierce, que les maîtres français contemporains tenaient pour dissonante. Après avoir été abandonné, les polyphonistes d'outre-Manche s'étant ralliés aux conceptions continentales, le procédé réapparaît au XIIIe siècle sous le nom de *faux-bourdon*. Dans les pièces composées selon cette technique, une tierce grave accompagne le *cantus firmus* ; mais la tradition voulait qu'on chantât cette voix à l'octave : ainsi les tierces devenaient-elles des sixtes ; d'où le nom de fausse basse *(falso bordone)* donné au procédé. C'est le faux-bourdon qui, au XVe siècle, fécondera la seconde époque de l'*Ars Nova*, ouvrant la voie à un langage proprement harmonique.

Le conduit. — Aux XIIe et XIIIe siècles, on donne le nom de conduit à toute pièce polyphonique vocale écrite à la manière de l'organum, c'est-à-dire note contre note, mais dont le *ténor*, au lieu d'être emprunté au fonds grégorien, est librement composé. Le conduit, à deux, trois ou quatre voix, peut ainsi échapper au répertoire liturgique. Ce type d'écriture a été repris par diverses formes profanes, notamment celle du rondeau.

Le motet médiéval. — Forme liturgique à l'origine, le motet (du latin *motetus*, mot) a connu une curieuse destinée. Il résulte d'une tentative d'enrichissement du conduit et de l'organum par le procédé du trope : partant du principe de superposition de plusieurs mélodies différentes, caractéristique de l'art du déchant, des polyphonistes du temps de saint Louis imaginèrent de confier un texte à chacune d'elles. A la fin du XIIIe siècle, le motet apparaît comme une curieuse synthèse d'éléments sacrés et profanes : sur un cantus firmus liturgique évoluent une, deux ou trois voix chantant chacune, parfois en langue vulgaire, un texte différent, à raison d'un mot par note. Dans bien des cas vient même s'y greffer un refrain de rondeau aux paroles galantes *(motet enté)*. Souvent le cantus firmus ou ténor est tenu par un instrument. Cette forme, hybride sur le plan liturgique, présente un immense intérêt musical : c'est la plus ancienne tentative d'émancipation du rythme dans la polyphonie ; pour la première fois, les voix cessent de chanter note contre note.

Le motet isorythmique (1) de Ph. de Vitry et

(1) L'isorythmie est l'utilisation d'un même schème rythmique appliqué à des schèmes mélodiques différents.

de Guillaume de Machaut représente un essai d'unification du discours musical par le rythme, idée qui ne sera reprise qu'au XXe siècle (Strawinsky, Messiaen, Boulez).

Au XIVe siècle, le motet de type courant fait appel aux instruments. En général, seule la partie supérieure est chantée ; ainsi la forme rentre-t-elle dans le cadre de la liturgie. Les prélude, interlude et postlude instrumentaux font une apparition assez brève : le XVe siècle, on le sait, sera celui de la polyphonie vocale a cappella, où le motet de l'école franco-flamande va connaître un prodigieux développement (v. *motet*).

La messe. — La messe est une forme beaucoup trop importante pour être traitée dans le cadre de la musique médiévale ; aussi bien lui échappe-t-elle de toutes parts. On se contentera de rappeler ici qu'elle prend, au Moyen Age, deux aspects opposés : d'une part, la messe grégorienne, strictement monodique ; d'autre part, la messe polyphonique, d'abord fragmentaire, et qui sera unifiée au XIVe siècle par Guillaume de Machaut (v. *messe*).

Le rondeau ou virelai. — Le rondeau médiéval est une forme vocale, sorte de danse ou de ronde chantée où alternent la voix seule, pour le couplet, et pour le refrain le chœur. Son importance dans la musique polyphonique est certaine, surtout à partir d'Adam de La Halle (XIIIe siècle), dont les rondeaux en style de conduit, à trois voix et note contre note, sont justement demeurés célèbres. Les huit vers du rondeau sont ordinairement répartis sur deux formules mélodiques, selon le schéma a b a' a a'' b' a b ; parfois a et b s'appliquent à plusieurs vers. Le rondeau du XVe siècle, plus communément appelé virelai, est accompagné aux instruments. C'est la forme de chanson la plus répandue en France à l'époque de l'Ars Nova. Dufay et Binchois en ont laissé de nombreux exemples. La rode, autre forme de rondeau, emprunte à la caccia florentine l'écriture à trois voix dont deux en canon. Le rondeau disparaît à l'orée du XVIe siècle. Cent ans plus tard, les luthistes et clavecinistes français lui assureront une descendance féconde dans le domaine purement instrumental.

Le lai. — Le lai est une pièce lyrique avec accompagnement instrumental ; ou, plus rarement, une pièce purement instrumentale. Ses origines sont très mal connues. Bien des pièces qualifiées de *lais* par leurs auteurs ne sont que de simples chansons ; mais, chez Guillaume de Machault, le maître de la forme, le lai apparaît comme une assez vaste composition vocale, en douze strophes, où seule la dernière strophe reproduit mélodiquement la première.

La laude. — Dans les processions italiennes, du XIIIe au XVIe siècle, on chantait communément des laudes, sortes d'hymnes pieux en langue vulgaire. Ces chants de louange, presque toujours anonymes, étaient monodiques à l'origine. Devenus polyphoniques, ils n'en conservèrent pas moins une facture des plus rudimentaires, dont les traits caractéristiques sont l'écriture syllabique, note contre note, et une grande symétrie de structure. Il est possible que la laude ait influencé à leurs débuts l'art du choral et celui de l'oratorio.

Le canon. — Le canon est un procédé d'écriture dont les Italiens du XIVe ont fait une forme, appelée *fuga* (fuite) — qu'on ne confondra pas avec la *fugue* classique — ou *caccia* (chasse). En tant que procédé technique, le canon se caractérise par la poursuite, dans deux ou plusieurs voix entrant l'une après l'autre, d'une même phrase mélodique. Il s'agit donc de l'imitation contrapunctique telle qu'on la trouve dans toute la musique polyphonique jusqu'à Bach, mais sous sa forme la plus stricte, selon sa règle (son *canon*) la plus rigide.

Il existe de nombreuses espèces de canons. Dans le canon à l'unisson et le canon à l'octave, la voix qui propose la première le dessin mélodique, ou *antécédent*, est imitée intégralement, note pour note, par la voix secondaire ou *conséquent.* Dans le canon à la

Fig. 4. — *L'offrande musicale* (J.-S. Bach). Canon à deux voix
Le conséquent imite rigoureusement l'antécédent
par mouvement contraire

quinte, le conséquent reproduit le même rythme et les mêmes intervalles que ceux exprimés par l'antécédent, mais une quinte au-dessus. On peut établir des canons à tout intervalle.

Dans le canon par augmentation, le conséquent dédouble les valeurs proposées par l'antécédent, la noire devenant une blanche et la blanche une ronde. Le processus inverse vaut pour le canon par diminution. On distingue le canon par mouvement contraire, où tout mouvement mélodique ascendant devient descendant et vice versa (fig. 4), du canon rétrograde ou récurrent (également appelé « canon à l'écrevisse ») dans lequel la dernière note de l'antécédent devient la première du conséquent, ainsi qu'il adviendrait si on lisait l'antécédent dans un miroir. Une quatrième formule résulte de la combinaison des mouvements contraire et rétrograde.

Les caccia et fuga, petites pièces à deux voix avec accompagnement instrumental, apparaissent au XIVe siècle dans l'œuvre des premiers maîtres florentins ; cependant on ne peut douter que le canon ait existé antérieurement dans la musique populaire. Le plus ancien canon connu appartient à l'école anglaise du XIIIe siècle. Pourtant le catch anglais, la rode française ne sont que des adaptations de la caccia italienne. Aussi bien, l'art du canon ne tarde-t-il pas à être exploité, dans le cadre de la forme plus riche du motet, par les musiciens de l'école franco-flamande. Il atteint son apogée à la fin du XVe avec Ockeghem, auteur du fameux *Deo Gratias*, nonuple canon à trente-six voix. Par la suite, tandis que disparaît la forme même, le procédé du canon continue d'alimenter épisodiquement l'art polyphonique. Certains maîtres modernes (Messiaen) utilisent même d'ingénieux et récents procédés de *canon rythmique*.

Le madrigal florentin. — Le madrigal est, avec la caccia, la forme favorite des maîtres de l'Ars Nova florentine. Il apparaît à la fin du XIIIe siècle, c'est-à-dire à l'époque de Dante et de Pétrarque. Un ami de Dante, Pietro Casella, passe pour en être l'initiateur. Il s'agit d'une chanson à une voix accompagnée par des instruments auxquels sont également confiés des interludes et postludes. Le style en est plus souple, la mélodie plus ornée, le texte plus fin et délicat que ceux du rondeau français contemporain. Le madrigal florentin prospère au XIVe siècle avec des maîtres comme Jacopo da Bologna et Francesco Landino. Au XVe, le style plus populaire de la frottole prévaudra dans toute l'Italie du Nord. Mais l'influence de la mélodie florentine sur l'ensemble de l'Ars Nova aura été des plus fécondes.

La ballade médiévale. — Comme le rondeau français, le madrigal florentin et la frottole italienne, la ballade des XIVe et XVe siècles, espagnole ou française, est une chanson artistique accompagnée ; elle s'en distingue par son style et sa structure. On peut en apercevoir l'origine dans une certaine stylisation des airs à danser dont les trouvères et troubadours des XIIe et XIIIe siècles étaient coutumiers. Vers la fin du XVe, elle fera place à la chanson polyphonique et aux airs à danser instrumentaux.

La structure de la ballade espagnole comprend une sorte de refrain, la *ripresa*, qu'on chante en chœur au début et à la fin de l'œuvre, un couplet double ou *piedi* et un faux refrain, la *volta*, qui, sur la musique de la ripresa, fait entendre des paroles différentes. Dans les ballades françaises du temps de Dufay, le dernier vers joue le rôle de refrain ; on n'y trouve pas la ripresa initiale.

La frottole. — La frottole, très en vogue au XVe siècle en Italie du Nord, présente de sérieuses analogies avec le madrigal florentin, dont elle procède, et la ballade contemporaine. Toutefois le style en est nettement plus populaire, les paroles (souvent truffées d'onomatopées) plus frustes, la structure plus simple. Elle est écrite à quatre voix, note contre note, mais seule la partie supérieure est chantée, les autres étant confiées à des instruments. Le texte est strophique ; chaque strophe se compose de huit vers octosyllabiques. La musique comprend deux phrases, qui s'étagent sur deux vers chacune, la première étant entendue trois fois (AAAB). Parmi les principaux auteurs de frottoles, on cite les noms de Marco Cara et Bartolomeo Tromboncino. Quoique la forme survive au XVIe siècle, elle y est peu à peu absorbée par le madrigal italien, infiniment plus riche, et par la villanelle, dont le style facile est mieux goûté du peuple.

La villanelle. — La villanelle ou canzonetta est une forme vocale populaire. Plus précisément, c'est une des formes les plus courantes que prend au XVe siècle la chanson populaire italienne. On la chante à plusieurs voix, mais son écriture comme sa facture sont des plus rudimentaires. Comme la frottole, avec laquelle elle a certains traits communs, notamment un caractère léger, volontiers comique, elle est strictement homophone. Son style est cependant moins raffiné. Elle disparaît progressivement au cours du XVIe siècle.

LA FUGUE

La fugue (*fuga :* fuite) est une composition de style contrapunctique, qui se fonde sur l'usage de l'imitation et la prépondérance d'un thème générateur, court mais caractéristique, nommé *sujet.* Apparue vers la fin du XVIIe siècle, elle se rattache à la tradition polyphonique des XVe et XVIe, dont elle est en quelque sorte le couronnement : dans nulle autre forme l'équivalence des différentes voix n'est aussi évidente ; nulle autre forme n'atteint à une unité aussi parfaite. Quoique située ainsi dans la descendance du motet, la fugue semble bien appartenir à l'art instrumental ; toutefois de nombreuses adaptations à l'art vocal en ont été tentées avec succès : on ne citera que le *Sanctus* de la *Messe en* si, de J.-S. Bach, dont la seconde partie est une grande fugue vocale à six voix.

Aux XIVe, XVe et XVIe siècles, les Italiens donnaient le nom de *fuga* à de simples *canons* (v. *formes médiévales*). Ce n'est qu'après 1650 qu'apparaît la véritable fugue, née du *ricercar* (v. ce mot), dont elle se distingue par une organisation qui utilise mieux les possibilités du système tonal et notamment les relations entre les tons. En outre, alors que le ricercar, mis à part de rares exceptions, développait successivement un certain nombre de thèmes, la fugue tire en principe toute sa substance d'un seul sujet. L'évolution du ricercar à la fugue est la conséquence de la recherche toujours plus poussée de l'Unité. Parmi les principaux musiciens qui ont travaillé dans ce sens, il faut citer les Gabrieli, Frescobaldi, Sweelinck, Scheidt et Froberger. A la fin du XVIIe, la fugue apparaît comme l'une des formes essentielles — quoique récente — du langage des polyphonistes allemands du Sud (Pachelbel) comme du Nord (Buxtehude). Mais c'est, dans la première moitié du XVIIIe, J.-S. Bach qui en donnera les modèles les plus parfaits (*Le clavecin bien tempéré*, *L'art de la fugue*, les *Fugues* d'orgue, etc.). Par la suite, si le style fugué reste l'une des bases de l'écriture classique — les *fugatos* (fragments fugués) abondent dans les symphonies classiques et même romantiques —, la fugue en tant que forme est moins sollicitée. Pourtant, Mozart, Brahms, Franck et surtout Beethoven, en ont renouvelé l'esprit et le langage. De nos jours, la fugue n'est trop souvent qu'un exercice d'école sans véritable portée esthétique, bien que certains maîtres contemporains (notamment Béla Bartok dans *Musique pour cordes, célesta et percussion*) y voient plus qu'un intéressant terrain d'expérience : il semble qu'on n'ait pas encore réussi à intégrer la fugue, œuvre tonale par excellence, dans l'univers sonore contemporain, qui tend de plus en plus à rejeter la notion de tonalité.

Structure. — Il faut distinguer la *fugue d'école*, sorte d'archétype, de la fugue proprement dite ou *fugue libre*. La fugue d'école n'a de valeur que scolastique : infiniment plus conventionnelle que la fugue libre, elle se prête d'autant mieux à l'analyse. On la prendra donc comme exemple.

La fugue d'école, écrite à quatre voix, se compose d'une exposition, d'un développement et d'un stretto.

L'*exposition* comprend : 1° l'énoncé du *sujet* ; 2° l'entrée, à une autre voix, de la *réponse* ; 3° de nouveau le *sujet*, entrant cette fois à une troisième voix ; 4° l'entrée de la *réponse* à la quatrième voix.

La *réponse* n'est autre que le sujet transposé dans le ton de la dominante ; cette transposition, en modifiant le rapport des intervalles — dominante-tonique (4te) est plus petit que tonique-dominante (5te) — rend nécessaires certaines modifications mélodiques ou *mutations*, qui ne sont cependant pas assez importantes pour altérer la physionomie du thème.

A partir de la deuxième entrée, le sujet et la réponse sont accompagnés d'un dessin contrapunctique, dit *contre-sujet*, qui, lorsqu'il passe du ton de la dominante à celui de la tonique, subit les mêmes mutations que le sujet lui-même.

Si le sujet est très court, les quatre entrées peuvent ne pas suffire à une exposition bien équilibrée ; on procède alors à une *contre-exposition* composée de quatre nouvelles entrées (parfois deux seulement) en commençant cette fois par la réponse.

Le *développement*. Alors que l'exposition impose le ton principal et celui de la dominante, le développement consiste en une série de modulations permettant d'entendre le sujet, toujours accompagné de son contre-sujet, dans chacun des quatre autres tons voisins. Chaque entrée du sujet est séparée par de courts *épisodes* ou *divertissements* en style d'imitation dont les éléments sont empruntés, en principe, au sujet ou au contre-sujet. En général, le développement s'achève sur une pédale de dominante qui prépare le retour au ton initial.

Le *stretto* est en quelque sorte la péroraison de la fugue. Il se compose d'une série d'entrées canoniques du sujet et de la réponse, de plus en plus rapprochées (serrées). Tous ces canons ou *strettes* sont généralement plus ou moins tronqués, sauf celui de la réponse sur le sujet, qu'on appelle *strette véritable*. Il est fait usage de tous les procédés susceptibles de renforcer l'intensité polyphonique et architectonique de la fugue : augmentation et diminution des valeurs, mouvements contraires et rétrogrades, combinaisons de plusieurs éléments entendus dans l'exposition, etc. Du point de vue tonal, le stretto évolue dans la sphère du ton principal ; les modulations ne peuvent y être que passagères.

La *fugue libre*, écrite à deux, trois, quatre, cinq voix ou même davantage, n'obéit à aucune règle précise. Ses éléments sont les mêmes que ceux de la fugue d'école, mais ils se combinent de façon beaucoup moins rigide et préméditée. L'exemple de J.-S. Bach, qui se plaît à renouveler chaque fois la structure de ses fugues, dont les proportions mêmes varient de la courte fugue de clavecin à la monumentale fugue d'orgue, n'est nulle part plus précieux.

Parmi ses fugues les plus célèbres, on cite couramment la fugue XVI du premier cahier du *Clavecin bien tempéré* comme l'une de celles dont le plan se rapproche le plus de la fugue d'école (fig. 5). Elle est à quatre voix, en *sol* mineur. Le sujet, assez court mais bien dessiné, entre à l'alto, la réponse au soprano ; on remarquera la *mutation*, qui se place entre les deux premières notes de la réponse. Sous celle-ci, l'alto introduit le contre-sujet, qui, étant renversable, se trouvera fréquemment audessus du sujet ou de la réponse dans le courant de la fugue. La troisième entrée — sujet à la basse, accompagné de son contre-sujet au soprano — est séparée de la deuxième par un divertissement d'une mesure, procédé qu'on emploie assez souvent afin d'étoffer l'exposition lorsque le sujet est court. L'entrée de la réponse au ténor (contre-sujet à la basse) termine l'exposition. Celle-ci occupe sept mesures en tout. Le développement, qui suit, en comporte vingt. Il débute par un divertissement de quatre mesures, construit sur la queue du sujet. Cet épisode, d'abord statique, évolue finale-

Fig. 5. — *Le clavecin bien tempéré* (J.-S. Bach). I, XVI
S, sujet ; R, réponse ; CS, contre-sujet

ment vers le ton de *si* bémol majeur, relatif du ton principal. L'entrée du sujet dans cette tonalité nouvelle se fait à l'alto (contre-sujet au ténor) ; puis la réponse, à la dominante du relatif, est donnée à la basse (contre-sujet également au ténor), et l'auteur profite de cette modulation pour faire entendre, au soprano, le sujet dans le ton de *fa* majeur (contre-sujet à la basse). Le deuxième divertissement, entièrement modulant, va, en trois mesures et demie, de *fa* majeur à *ut* mineur, ton de la sous-dominante. Il se compose d'un canon à la quinte du sujet, qui débute en *si* bémol pour bifurquer sur la fin, et de façon inattendue, vers *mi* bémol majeur ; le passage de cette dernière tonalité à *ut* mineur s'opère, non sans une courte pointe vers *fa* mineur, au moyen de quelques imitations par mouvements contraires, à trois voix, sur la queue du sujet. C'est également à trois voix que sont réalisés le passage à la sous-dominante et le troisième divertissement. L'entrée du sujet à la sous-dominante se fait à la basse (contre-sujet à l'alto), puis au soprano (contre-sujet à la basse). L'auteur ne néglige pas de faire entendre la réponse à la dominante de la sous-dominante, c'est-à-dire dans le ton initial ; mais précisément, étant axée sur la réponse, cette phase n'a nullement le caractère d'une rentrée du thème dans le ton principal ; au surplus, réponse (donnée à l'alto) et contre-sujet (au soprano) apparaissent ici légèrement ornés. C'est la tâche du troisième divertissement que de ramener la fugue d'une façon positive vers sa tonalité centrale : il y parvient, en trois mesures et demie, par une série de modulations rapides aux tons voisins, toujours en utilisant comme motif principal la queue du sujet. Enfin, en sept mesures, le stretto apporte à l'œuvre une conclusion courte mais suffisante, eu égard à ses proportions assez peu importantes. Sans doute, l'auteur eût-il pu développer davantage cette partie finale, réduite ici à une double strette, à peine indiquée, des deux éléments du sujet, tête et queue, combinés avec le contre-sujet. Il ne l'a pas voulu ainsi, préférant la concision à l'ampleur ; le choix du sujet déjà l'y inclinait.

Si l'on a choisi d'analyser cette fugue, c'est précisément qu'elle compte parmi les plus courtes et les moins complexes que J.-S. Bach ait signées. Il est bien évident que l'univers des fugues de Bach ne saurait se réduire à un exemple, si bien équilibré soit-il. C'est l'œuvre entier du maître d'Eisenach qu'il faudrait interroger. On se bornera à citer quelques pièces prises parmi les plus significatives : Dans le premier cahier du *Clavecin bien tempéré*, la fugue IV, à deux sujets ; la fugue XX, la plus développée de ce cahier, où la permanence du thème, alternativement présenté droit et par mouvement contraire, fait penser à quelque gigantesque stretto ; la fugue VIII, étonnant recueil de combinaisons contrapunctiques et d'imitations, etc.

LE GROUND

Le *ground* ou *basse contrainte (basso ostinato)*, est tout à la fois un procédé d'écriture et une forme (le procédé conditionnant ici la forme). Il apparaît au XVIe siècle en Angleterre, en Espagne et en Italie, sans qu'il soit possible de préciser lequel de ces pays en est le lieu d'origine. Le ground est en honneur dans toute la musique instrumentale du XVIIe : les virginalistes anglais comme les clavecinistes latins l'utilisent abondamment. La musique vocale à son tour s'en empare (Monteverdi, Purcell). Délaissé pendant toute la période classique et le XIXe siècle, le procédé du ground, sinon la forme, réapparaît dans certaines œuvres modernes (*Quatuor* de Jolivet). (V. *passacaille et chacone.*)

Structure. — Le principe du ground est que la basse continue qui supporte le développement mélodique et conditionne l'harmonie de l'œuvre, répète indéfiniment le même dessin *(ostinato)*, sur lequel les autres parties construisent chaque fois un couplet différent : l'analogie avec les formes très voisines de la chacone, de la variation et surtout de la passacaille est évidente.

Le ground peut se combiner avec d'autres formes, même les plus éloignées en apparence. Tel est le cas de l'*Aria* de *Didon et Enée* de Purcell, qui constitue un exemple parfait de ce qu'on pourrait appeler « l'invention mélodique dirigée ». Cet air célèbre ne paraît pas, au premier abord, être conditionné par un procédé quelconque. Cependant, il est construit de façon rigoureuse sur une basse contrainte. Chacune des quatre phases dont il se compose s'appuie sur la même figure de basse (fig. 6). C'est de leur parfait enchaînement que naît la continuité mélodique de l'air. On remarquera toutefois que le compositeur a su éviter la raideur structurelle qui eût résulté d'une trop grande symétrie de la mélodie et de la

Fig. 6. — *Didon et Enée* (Purcell. *Aria* de Didon)
Les quatre phases A A' B et B' s'enchaînent sur le même dessin de basse

basse : ainsi A', qui continue A, est sensiblement plus court : sa chute sur une demi-cadence ménage un repos nécessaire à l'économie de l'œuvre ; plus loin, B, en débordant d'un côté et de l'autre sur le dessin de basse, détruit également la symétrie des périodes, tandis que B', plus court, rétablit l'équilibre.

L'IMPROMPTU

L'impromptu est une petite pièce instrumentale, de caractère à demi-improvisé, et dont la structure, sans être fixée, emprunte le plus souvent le schéma ABA. Il est fort en honneur dans la musique de piano du XIXe, notamment chez Schubert, Chopin et Fauré.

L'INTERMÈDE

L'intermède est une forme dramatique mineure, d'une certaine importance historique. Il prend son origine au XVe siècle dans l'*entremets* et s'épanouit vers la fin du siècle suivant. On cite les intermèdes qu'écrivirent, entre autres compositeurs du temps, Marenzio et Cavalieri pour les noces de Ferdinand de Médicis, célébrées en 1588 à Florence. L'intermède est alors un divertissement musical qu'on intercale entre deux actes d'une tragédie. Le style du madrigal y prédomine. Vers 1600 s'impose la nouvelle manière des Florentins ; l'intermède devient une sorte d'opéra en miniature, où le chant et la danse trouvent place. Par la suite, la coutume se généralise d'intercaler des intermèdes dans l'*opera seria* italien. Ils n'ont aucun rapport avec l'action principale. Tout au contraire, l'intermède va bientôt s'organiser, donnant naissance à une seconde action d'un tout autre caractère, généralement comique, et dont la parodie ne sera pas exclue. C'est de là que sortira l'*opera buffa* : la *Servante maîtresse* de Pergolèse est à la frontière des deux formes.

L'intermède, qui n'a eu d'existence qu'en Italie, devait disparaître au cours du XVIIIe, supplanté par l'opera buffa et remplacé par le ballet-divertissement (v. *opéra-comique*).

L'INVENTION

L'invention est une petite pièce instrumentale, sorte d'étude de style extrêmement concise et construite avec une grande rigueur. Tout au moins apparaît-elle ainsi chez J.-S. Bach, l'un des très rares maîtres qui aient traité cette forme. Ses *Inventions* à deux voix, ses *Sinfonie* à trois voix mettent en jeu un langage polyphonique où dominent l'art du contrepoint renversable et celui du canon. Au XXe siècle, Berg a élargi la forme, introduisant une série d'inventions dans son opéra *Wozzeck*.

LE LIED

Le lied est une pièce vocale, à une voix, généralement accompagnée au piano, et qui met en valeur un court poème. Il est d'usage de le distinguer de la mélodie ; ce sont là deux formes extrêmement voisines, pour ne pas dire identiques, mais dont l'une appartient à la tradition allemande, l'autre à la tradition française (encore qu'un Russe, Moussorgsky, en ait été l'un des maîtres). Cette distinction d'écoles — qui n'est pas absolument sans objet (v. *mélodie*) — fait que si l'on peut se servir du terme français de mélodie pour qualifier un lied germanique, il serait impropre d'employer le terme allemand pour désigner une mélodie française. Il convient de distinguer également le *volkslied* ou chanson populaire du *kuntslied* (lied artistique). Le premier prend ses origines au Moyen Age ; il est plus ancien que le choral, auquel il donnera naissance. Le second, dont on s'occupe plus spécialement ici, apparaît vers le milieu du XVIIe ; Heinrich Albert passe pour en être sinon l'inventeur, tout au moins l'organisateur. Les premiers *kuntslieder* participent à la fois du *volkslied* et de l'aria italienne. Mais c'est seulement vers la fin du XVIIIe que les maîtres d'outre-Rhin s'intéressent à cette forme. Gluck, Haydn, Mozart ne lui accordent encore qu'une attention assez faible. Beethoven annonce le lied romantique, qui atteint d'emblée son apogée chez Schubert et se renouvelle de la façon la plus heureuse avec Schumann. L'un et l'autre n'hésitent pas à emprunter leurs textes aux plus grands poètes du moment : Gœthe, Schiller, Heine ; ainsi se trouve réalisé ce rare mariage de la poésie la plus inspirée et de la musique la plus sensible. Avec Brahms s'achève la grande époque du lied romantique allemand. Mais Hugo Wolf et Mahler, puis Schœnberg, Berg et Webern amorcent un renouvellement considérable : chez Mahler, l'orchestre vient remplacer le piano d'accompagnement ; Schœnberg fait évoluer le lied vers la musique de chambre et la musique dramatique : *Pierrot lunaire*, avec sa *sprech-melodie* (mélodie parlée) et son petit ensemble instrumental, est à mi-chemin de la cantate.

Structure. — Le kuntslied ou lied artistique emprunte couramment au volkslied sa construction strophique, où le texte seul se modifie à chaque couplet, la musique demeurant la même. A ce type simpliste, Schubert reste en partie fidèle : un grand nombre de ses *lieder* sont rigoureusement strophiques. La structure strophique peut comprendre, en ce qui concerne le texte, refrain et couplets *(Impatience)* ; toutefois le refrain n'est pas indispensable ; ici et là, la partie musicale demeure inchangée. Mais le plus souvent, Schubert n'hésite pas à introduire, chaque fois que le texte l'y invite, des modifications de détail, parfois assez importantes, dans la ligne mélodique ou l'accompagnement d'un couplet : ainsi naît la construction strophique à variantes *(Bonne nuit)*. Une troisième structure est celle dite de la composition continue, où le compositeur s'accorde toute liberté pour suivre la marche du poème *(Le roi des Aulnes)*. Parfois le récitatif même y intervient *(Le sosie)*. Enfin, une quatrième structure est fondée sur la reprise de la période initiale, après insertion d'un épisode central dont le caractère généralement plus violent fait contraste avec elle *(Le portrait de l'aimée)* ; ne retrouve-t-on pas ici la coupe ABA de l'aria italienne, dont on sait quelle fut l'influence en pays germanique aux XVIIe et XVIIIe siècles ? Il est curieux de noter par ailleurs que cette disposition ABA est essentiellement celle qu'en musique instrumentale on designe sous le nom de « forme lied ».

La partie de piano, dont l'importance expressive croît et s'épanouit au début du XIXe, trouve dans les cycles de lieder le terrain le plus favorable à son expansion. Le prélude et surtout le postlude schumaniens sont plus que de simples transitions destinées à joindre un lied à l'autre : leur longueur, souvent égale à celle de la partie chantée, invite à les considérer comme de véritables commentaires musicaux. Quant à la construction cyclique de ces recueils, elle est à peine indiquée : Beethoven dans *A la bien-aimée lointaine*, Schumann dans *L'amour et la vie d'une femme* se bornent à rappeler, au cours du dernier lied, quelques éléments du premier.

La « forme lied ». — La structure connue sous le nom de « forme lied » appartient essentiellement au domaine de la musique instrumentale. Elle affecte tout spécialement le mouvement lent de la sonate, du concerto et de la symphonie classiques. Sans doute tire-t-elle son nom du caractère chantant que prend ce mouvement par opposition avec ceux qui l'entourent : l'analogie de plan qu'on peut parfois relever, par exemple, entre l'adagio beethovenien et le lied vocal de Schubert ou de Schumann est des plus superficielles.

La « forme lied » est une construction tripartite qui n'est pas sans rappeler celle de l'aria da capo. Le trait caractéristique de cette structure est que chacun des trois volets dont elle se compose se subdivise à son tour en trois épisodes, selon un plan qu'on peut énoncer ainsi :

I (A) ; *a* : dessin initial, évoluant vers la dominante ;
b : épisode modulant, aboutissant également à la dominante ;
a' : réexposition de *a*, mais concluant à la tonique ;
II (B) ; partie centrale modulante, également divisée *a b a'* ;
III (A) ; reprise de I, avec des variantes d'écriture.

Cette disposition, très courante au temps de Haydn et de Mozart (*Adagio* de la *Sonate en* ré *majeur* pour piano) s'enrichit, à partir de Beethoven, d'un certain nombre de variantes, telles que le lied développé, qui comporte un second passage central modulant (A B A' C A''), le lied-sonate, sorte de « forme sonate » sans développement central, à thème A tripartite, et le lied varié, où chaque nouvelle exposition du thème-lied (A) donne lieu à une variation.

LE MADRIGAL

Le madrigal est une pièce vocale de style et de structure extrêmement libres. Très différent du madrigal florentin (v. *formes médiévales*) du XIVe, écrit à une voix avec accompagnement instrumental, le madrigal italien du XVIe, plus spécialement visé ici, est de style polyphonique, généralement à cinq voix et *a cappella*, encore que l'usage tolérât le remplacement des voix par les instruments. Il est né de la fusion de deux styles : celui de la frottole italienne et celui de la chanson polyphonique franco-flamande. Aussi bien, les premiers madrigalistes sont-ils des étrangers : Arcadelt, Willaërt, Verdelot, Cyprien de Rore. Une deuxième génération, plus spécifiquement italienne (Claudio Merulo Ingegneri, Ph. de Monte, Nanini, Palestrina), conduit l'art du madrigal vers son apogée. Mais c'est avec les maîtres de la troisième génération : Marenzio, les Gabrieli et surtout Gesualdo et Monteverdi que s'affirme, dans le dernier quart du siècle, le style plus varié du madrigal chromatique ou *madrigal expressif*, au langage harmonique hardi. Par la suite, sous l'impulsion de Monteverdi, le madrigal amorce une évolution commandée par l'esthétique de l'époque : la monodie et la basse continue y supplantent le style polyphonique ; on y voit apparaître duos, trios et récitatifs : c'est le *madrigal accompagné* qui va bientôt devenir le *madrigal dramatique* (XVIIe siècle), forme beaucoup plus proche de la cantate que du madrigal a cappella. Celui-ci, cependant, connaît une survivance féconde *extra-muros* : non seulement Roland de Lassus, Claude Le Jeune, Hassler, Sweelinck et de nombreux maîtres étrangers l'adoptent, mais toute une école de madrigalistes apparaît en Angleterre à la fin du XVIe, qui, avec des maîtres comme Byrd, Morley, Gibbons, Weelkes, Dowland, Wilbye, laisse, dans un style un peu différent mais dans un esprit voisin, un ensemble d'œuvres tout aussi admirables que celles des polyphonistes italiens.

Structure. — La structure du madrigal est d'autant moins facile à définir que ses aspects sont nombreux et divers. Si l'on s'en tient aux deux principaux : madrigal expressif et madrigal dramatique, on peut dire du premier qu'il diffère de la chanson polyphonique française par sa plus grande souplesse : plus étroitement soumis à la peinture du mot, il fait alterner les épisodes de style polyphonique et d'écriture syllabique de façon parfois très fantaisiste. Quant au second, l'introduction du style récitatif et des duos, trios et chœurs encadrant des passages monodiques, suffit à montrer la parenté étroite de ce type avec la cantate naissante : quoique intitulé « madrigal », le *Combat de Tancrède et Clorinde* de Monteverdi, n'est rien de moins qu'une cantate.

LE MASQUE

Le *masque*, forme typique de la musique dramatique anglaise aux XVIe et XVIIe siècles, est assez analogue à la *mascarade* et au *ballet de cour* français (v. *ballet*). C'est une sorte de divertissement comprenant des scènes allégoriques, mythologiques ou satiriques. Le chant et la danse y interviennent, soutenus par les instruments. Comme la mascarade française, le masque est, au XVIe siècle, de style polyphonique ; les chœurs sont écrits dans l'esprit du madrigal. Au XVIIe, c'est le style monodique qui domine. Cette forme, que les principaux auteurs anglais (Gibbons, Purcell) ont traitée, est à l'origine des tentatives de création d'un opéra anglais qui furent faites dans la seconde moitié du XVIIe. Mais ni le masque, ni l'opéra anglais naissant ne devaient survivre au XVIIIe : le succès définitif de l'opéra italien devant le public britannique suffit à expliquer cette double disparition.

LA MÉLODIE

La *mélodie* répond à la même définition que le *lied* (v. ce mot) : c'est une pièce vocale, à une voix, généralement accompagnée au piano, et destinée à mettre en valeur un court poème. L'usage s'étant imposé de réserver l'appellation de lied à des œuvres spécifiquement allemandes, on se sert du terme de mélodie pour désigner les œuvres de musique de chambre chantée qui échappent aux diverses écoles germaniques. La mélodie a de nombreux caractères communs avec le lied, notamment ce lyrisme intime — tout opposé au lyrisme scénique de l'opéra — qui en est l'essence. Les deux formes se séparent toutefois sur un point dont l'importance n'est pas négligeable : alors que le lied allemand se souvient de ses origines populaires (volkslied), la mélodie française est résolument aristocratique, raffinée, savante. Le terme fait son apparition en 1830 avec les *Mélodies irlandaises* de Berlioz ; mais ces pièces ne se distinguent guère de la *romance* (v. ce mot) alors en vogue, sinon par une influence certaine de la musique dramatique ; en fait Berlioz écrira peu de mélodies dignes de ce nom. Celles de Gounod rappellent également la romance, dont Saint-Saëns et Lalo, qui s'inspirent du lied allemand, s'éloignent davantage. Sous cette double influence, la mélodie française prend corps ; elle n'atteindra pourtant sa maturité qu'à partir de 1875 environ, avec Fauré, Duparc, Chabrier et Chausson ; les deux premiers au moins comptent parmi les maîtres de la forme. Celle-ci se renouvelle à l'orée du XXe siècle sous la plume de Debussy, qui en donne le chef-d'œuvre avec les *Chansons de Bilitis.*

Hors de France, l'art de la mélodie est dominé par la haute stature de Moussorgsky, dont les trois cycles, *Les Enfantines*, *Sans soleil* et *Chants et danses de la mort*, composés entre 1865 et 1875, sont très en avance sur la mélodie française contemporaine. On sait du reste que Debussy s'en est inspiré.

Structure. — A la romance, dont elle est issue, la mélodie emprunte d'abord sa construction strophique, à couplets, dont on connaît les défauts : manque de souplesse, prosodie fatalement déformée dès le second couplet, inadaptation de la musique au texte, absence de développement musical. Duparc et Fauré, comme autrefois Schubert, rompent ce cadre trop rigide, et la mélodie connaît les coupes basées sur la variante strophique, le da capo et surtout la composition continue, déjà explorées par le *lied* (v. ce mot). Mais c'est chez Debussy que cette dernière formule prend tout son sens : comment ne pas voir que l'art impressionniste, uniquement fait de suggestions et de nuances, rejette toute structure préétablie et ne prétend suivre que le mot ? Néanmoins, la mélodie de Debussy ne néglige pas pour autant toute construction : on sait avec quel art est amenée la rentrée du dessin initial dans *La flûte de Pan.*

LE MENUET

Le menuet est une danse française, très en vogue dans les milieux aristocratiques sous Louis XIV et Louis XV, bien que d'origine populaire (au XVIe siècle, le menuet du Poitou est une variété de branle), et qui deviendra, vers le milieu du XVIIIe, une forme instrumentale nullement négligeable, en tant que partie de la symphonie classique (Stamitz, Haydn, Mozart). Auparavant, on le trouve dans la suite, à la place facultative qu'occupent aussi la gavotte, le passe-pied et la forlane, et dans les ballets de l'opéra français (chez Lulli et ses successeurs). C'est alors une danse à trois temps, d'écriture simple, mais de style parfois précieux. D'abord très modéré, le mouvement du menuet, à dater de son inclusion dans la symphonie, ne cesse de s'accélérer, aboutissant ainsi au scherzo beethovenien qui lui succède. On n'a plus guère écrit de menuets depuis la fin du XVIIIe.

Structure. — Le menuet se compose de deux pièces distinctes, qui s'enchaînent sans interruption et donnent lieu à un *da capo* (ABA), la première pièce (A) étant reprise intégralement à la fin de la seconde (B). Celle-ci, dite deuxième menuet ou *trio* (par contraste avec la première, ordinairement jouée par le tutti, elle était presque toujours confiée à des solistes : deux violons et un alto, ou deux hautbois et un basson), est de même structure que la première, mais en diffère par le caractère du thème, généralement plus mélodique, et souvent aussi par la tonalité, qui peut être le relatif ou la dominante du ton principal. Au XVIIe et au début du XVIIIe, la structure commune des deux pièces, premier menuet et trio, est celle qu'adoptent les divers morceaux de la suite de danses : la « forme binaire » (voir *suite*). Le double menuet de la *Première suite d'orchestre*, de J.-S. Bach, par exemple, ne diffère en rien, dans sa construction, des autres mouvements. Mais dans la deuxième époque du menuet, celle du style galant, l'influence de la « forme sonate » impose la coupe ternaire. Le premier menuet de la *Sonate en* la *majeur* pour piano de Mozart est construit comme une sorte de petit allegro de sonate — on y discerne même l'ébauche d'un second thème — dont la partie centrale modulante serait établie sur un élément nouveau. La rentrée du thème principal dans le ton initial a le caractère d'une réexposition de sonate. Le trio qui suit est à la sous-dominante (usage qui s'est perpétué dans les marches militaires, dont la structure est une simplification de celle du menuet), et monothématique, malgré l'emploi dans la partie médiane d'un dessin secondaire ; à cela près, sa structure est identique à celle du premier menuet.

LA MESSE

La *messe* est sans doute la forme la plus importante, sinon la plus ancienne, de la musique sacrée. C'est une forme vocale composée : elle comprend cinq parties distinctes, correspondant aux cinq prières chantées de l'*ordinaire* de la messe catholique. Ses origines remontent aux premiers temps du christianisme, ou tout au moins au plus haut Moyen Age.

De l'époque du chant grégorien, on a conservé dix-sept messes, composées entre le xe et le xive siècle. Les premiers polyphonistes (xiie siècle) mettent en musique certains fragments, *Kyrie* ou *Gloria* ; mais c'est au xive qu'apparaissent les premières messes à quatre voix où les différentes oraisons soient traitées dans un même esprit (*Messe Nostre Dame* de Guillaume de Machaut, mi-xive). Avec Guillaume Dufay (xve siècle) s'impose le thème générateur, fragment de mélodie grégorienne ou profane, qui assure l'unité de la forme, tandis que s'épanouit le style polyphonique qui, au xvie, favorisera la réussite des chefs-d'œuvre du genre, de Josquin des Prés à Palestrina.

Quoique les messes polyphoniques des xve et xvie soient conçues pour être exécutées *a cappella*, les instruments sont parfois sollicités dans le but de compléter une partie insuffisamment fournie. De même, la mélodie grégorienne traditionnelle, seule en usage jusqu'au XIVe, cède peu à peu la place, sous l'influence de l'*Ars Nova* des madrigalistes florentins, aux mélodies profanes. Mais vers le milieu du XVIe, une vive réaction se dessine contre l'abus que font les maîtres contemporains des thèmes populaires et des artifices contrapunctiques qui rendent inintelligible le texte, et contre l'usage des instruments. Le concile de Trente impose une nouvelle esthétique de la musique sacrée. Palestrina, chargé d'appliquer les directives ecclésiastiques, n'en composera pas moins un certain nombre de messes sur des thèmes profanes.

La messe est l'une des rares formes qui aient longtemps conservé un strict aspect polyphonique au XVIIe : les messes de Monteverdi ne sont nullement influencées par le voisinage de l'opéra naissant ; elles pourraient être signées de Palestrina ou de Victoria. Il faut attendre la fin du siècle pour voir les Vénitiens (Caldara, Lotti), rompant avec les traditions, introduire l'orchestre dans la messe, traiter séparément chaque verset du *Kyrie* et du *Gloria* sous forme d'aria, de duo ou de chœur, en un mot faire de la messe « concertante » une sorte de cantate — conception que J.-S. Bach reprendra, en l'élargissant, dans sa gigantesque *Messe en* si *mineur* (1733-1738). Puis, avec Haydn, Mozart et Beethoven, le style de la symphonie, celui de l'opéra pénètrent dans la messe ; ils y demeureront pendant tout le XIXe siècle, où la messe apparaîtra comme une œuvre de concert plus que comme une œuvre d'église. Aussi bien les grands musiciens romantiques délaissent-ils la messe ordinaire pour la messe de *Requiem* (v. ce mot), au texte plus dramatique.

Enfin, quelques tentatives ont été faites au XXe siècle pour rendre à la forme son caractère liturgique (*Messes* de Caplet, de Jolivet, de Stravinsky). Toutefois, le déclin musical de la messe, du XVIe siècle à nos jours (mis à part la glorieuse exception de la *Messe en si*), semble bien être en rapport avec le déclin du sentiment religieux.

Structures. — L'ordinaire de la messe catholique comprend cinq chants principaux : le *Kyrie*, le *Gloria*, le *Credo*, le *Sanctus* (avec son *Benedictus*) et l'*Agnus Dei*. Selon les époques et les tendances, il résulte, de la mise en musique de ces cinq mêmes textes, des structures très diverses. On en citera ici quelques-unes :

1) *Messe grégorienne.* — Elle est à une voix, et *a cappella*. L'unité des cinq parties de la messe n'est assurée que par le choix d'un même mode (v. *formes médiévales*).

2) *Messe polyphonique.* — La messe du XVIe siècle est, avec le motet, la plus haute expression de l'art polyphonique sacré. Sa structure paraît aussi simple qu'est complexe son écriture, entièrement basée sur l'imitation contrapunctique. Un thème unique, presque toujours emprunté au répertoire grégorien, à un motet polyphonique ou à une chanson profane (1), suffit à alimenter l'ensemble de l'œuvre. Le plan de celle-ci est déterminé par le texte. Ainsi, par exemple, le *Kyrie* est divisé en trois phrases : *Kyrie*, *Christe*, *Kyrie*, qui correspondent chacune à un dessin mélodique tiré du thème. Chaque épisode donne lieu à une manière d'exposition de fugue, les voix entrant successivement et s'imitant les unes les autres. Ici comme là, les phrases sont enchaînées par imbrication : c'est-à-dire que dans la cadence finale de chaque phrase s'introduit déjà le motif directeur de la suivante. La longueur du *Gloria* et du *Credo* autorise parfois plus de liberté. Un grand nombre de messes sont « parodiées » : tous leurs éléments proviennent d'un motet précédemment composé par le même auteur : la messe *Assumpta est* de Palestrina ne contient aucun motif qui ne procède plus ou moins étroitement d'un élément du motet du même nom (v. *motet*).

Un autre type, plus ancien, mais que Palestrina exploite couramment, est la messe sur *cantus firmus*, motif emprunté

(1) Ainsi s'expliquent les titres de certaines messes : messe *Assumpta est* de PALESTRINA, messe *Douce mémoire* de R. DE LASSUS.

au plain-chant, qui circule d'une partie à l'autre ou se répète à la même voix, en valeurs longues, à la manière d'un thème de choral (messe *Veni Creator* de Palestrina) ; il est d'ailleurs hors de doute que ce type de messe soit à l'origine de certaines formes de choral, et, par la même occasion, de variation.

3) *Messe concertante.* — Ce type de messe s'apparente indéniablement à la cantate, bien que le récitatif et le choral en soient absents. On y trouve des chœurs, des airs et des duos. Lorsque l'œuvre prend de vastes proportions, la division traditionnelle en cinq ou six pièces est abandonnée au profit d'un morcellement qui fait de chaque verset un morceau séparé, empruntant une forme souvent différente de celle des autres versets d'une même oraison. Ainsi la *Messe en si* de J.-S. Bach ne comporte-t-elle pas moins de vingt-quatre numéros, dont quinze chœurs, six airs et trois duos, le tout accompagné à l'orchestre — encore que certains chœurs de style archaïsant soient écrits dans l'esprit de la polyphonie *a cappella*, les instruments se bornant à doubler les voix.

LE MOTET

Le motet est une pièce vocale, essentiellement liturgique, destinée à illustrer le propre d'un office (1).

Au cours du XVe siècle, le motet médiéval (v. *formes médiévales*) fait place à une nouvelle forme dont l'importance historique sera considérable. Du motet *a cappella* en style d'imitations — dont l'école franco-flamande (Josquin, Lassus) et l'école romaine (Palestrina, Victoria) ont laissé d'admirables exemples — dériveront en effet les formes les plus diverses, de la messe (vocale) au ricercar (instrumental).

Au XVIIe, sous l'influence des idées nouvelles, le motet italien évolue vers un style résolument monodique, où des voix solistes (généralement une ou

(1) On assimile couramment au motet les pièces de même destination, répons, hymnes, lamentations, litanies et versets de magnificat.

Fig. 7. — Motet *Cœnantibus illis* (Palestrina)

deux) sont soutenues soit par une simple basse continue, soit par l'orchestre (Monteverdi, Carissimi, Schütz, Legrenzi). Parallèlement, il arrive même qu'une action s'ébauche : la forme tend à s'identifier avec la cantate d'église naissante. L'œuvre se fragmente, prend des proportions. A la fin du siècle, le motet, comme la cantate, se truffe de récits, d'airs, de duos et de trios. Tel apparaît également le grand motet français, de Lulli à La Lande. Enfin, vers 1720, J.-S. Bach donne, avec son *Magnificat*, le chef-d'œuvre du motet-cantate (1) et, un peu plus tard, avec ses grands motets en double-chœur *a cappella*, atteint le summum de l'expression musicale religieuse. Après lui, le motet sous tous ses aspects connaît une décadence qu'aucune œuvre géniale ne semble être venue suspendre (v. *cantate*, *anthem*, *psaume*).

Structure. — Le motet *a cappella*, généralement écrit à quatre ou cinq voix, est conditionné par un texte latin tiré d'un office. Chez les polyphonistes des écoles franco-flamande et romaine, c'est, en effet, le texte qui détermine la structure musicale de l'œuvre. A chaque phrase ou fragment de phrase présentant un sens complet, correspond une phrase mélodique librement inventée, que chacune des voix entonne à son tour, selon le procédé de l'imitation contrapunctique en honneur dans la polyphonie de l'époque. Il en résulte une série d'épisodes qui, celui du texte excepté, n'ont entre eux d'autre lien que d'être construits sur une même gamme, dans un même style, et d'être imbriqués les uns dans les autres. C'est, en somme, le procédé même de la messe, à ceci près qu'aucun thème générateur n'est imposé. Ici l'unité ne provient que de la parfaite égalité des voix ; aucune d'entre elles n'est subordonnée à sa voisine, basse ou soprano (fig. 7).

Le motet en duplex est le plus souvent écrit à quatre voix. Il se compose d'une série de petites expositions de fugue (une par phrase) où les voix entrent deux par deux, le dessin mélo-

(1) Liturgiquement, le *Magnificat*, cantique de la Vierge, ne saurait être considéré comme un motet ; musicalement, il semble qu'on puisse l'assimiler à cette forme.

dique principal étant accompagné d'un contre-sujet (*Duo seraphim clamabant* de Victoria).

Les *répons* sont généralement groupés par trois. Chacune des trois pièces est elle-même divisée en deux parties, le répons proprement dit et le verset, qui se terminent l'une et l'autre par une prière identique. Plus que le motet même, le répons donne lieu à des expositions homophones où le chromatisme du madrigal trouve parfois son emploi (*Plange quasi virgo*, de Palestrina).

Parfois le motet adopte la structure du répons (*O vos omnes*, de Victoria) ; c'est pourquoi on a cru devoir traiter dans un même chapitre ces deux formes qui, abstraction faite de leur signification liturgique, n'en font qu'une.

Quant au grand motet, il présente de trop évidentes affinités avec la cantate pour qu'on lui consacre une étude particulière (v. *cantate*).

L'OPÉRA

L'opéra, forme principale du théâtre lyrique, est une grande tragédie ou un grand drame mis en musique. Tous les rôles en sont chantés, encore que le parlé puisse intervenir dans certains cas. Il apparaît en Italie dans les dernières années du XVIe siècle, au moment où la tonalité va remplacer les modes et la monodie accompagnée le contrepoint. Un cénacle florentin entreprend de restaurer les conceptions dramatico-musicales de l'Antiquité. Le poète Rinuccini, les musiciens Galilei, Caccini, Peri, désireux de donner au texte poétique la première place, créent le *stilo rappresentativo*, sorte de déclamation musicale soutenue par une basse continue. La *Daphné* de Rinuccini est mise en musique par Peri (1594), puis par Caccini ; il semble que ce soient là les premiers ouvrages proprement dramatiques. Le mouvement prend de l'ampleur au début du XVIIe. Bientôt l'opéra, qu'on appelle alors *dramma per musica*, quitte la voie un peu ascétique que lui avaient tracée les Florentins. Sous l'impulsion de

Monteverdi, il évolue vers un style plus mélodique et expressif. Au récitatif s'ajoutent des airs, des duos, des ensembles ; l'orchestre souligne l'action dramatique. En 1637, à Venise, s'ouvre le premier théâtre d'opéra. Après Monteverdi, Cavalli, Legrenzi et Cesti maintiennent au premier rang l'école vénitienne. Toutefois, vers la fin du siècle, c'est l'école de Naples qui semble être, à son tour, la plus représentative du théâtre lyrique dans la péninsule. Mais cette suprématie napolitaine coïncide, malgré l'incontestable grandeur du fécond Alessandro Scarlatti, avec une certaine décadence de l'opéra italien. Celui-ci, en un siècle à peine, s'est radicalement détourné de ses principes originels ; l'action dramatique s'y trouve réduite au minimum, le texte poétique sacrifié au *bel canto* : seuls comptent le chanteur et ses effets vocaux. A la même époque, l'opéra français, qui se situe bien davantage dans la lignée des Florentins et de Monteverdi, connaît, avec Lully et ses successeurs, une des périodes les plus brillantes de son histoire ; Rameau la couronnera par une série de chefs-d'œuvre. En Angleterre, l'admirable *Didon et Enée* de Purcell (1689) demeure une tentative sans lendemain de créer un opéra national : dès le début du XVIIIe l'opéra italien, représenté par Bononcini et Hændel, réunira tous les suffrages du public londonien. En Allemagne, où, à l'imitation des Florentins, Schütz a donné sa *Daphné* en 1627, il faut attendre 1678 pour voir s'ouvrir un théâtre public à Hambourg, qui demeurera pendant plus d'un demi-siècle la métropole de l'opéra allemand. Keiser, Kusser, Mattheson, Telemann avoisinent sur l'affiche avec les auteurs italiens dont ils s'inspirent.

Dans la première moitié du XVIIIe apparaît l'*opera buffa*, qui va renouveler l'opéra italien et donner naissance à l'*opéra-comique* français (v. ce mot). Mais l'*opera seria*, ou grand opéra, ne perd pas immédiatement la faveur du public de la péninsule. Les auteurs les plus goûtés sont, avec l'Allemand Hasse, Bononcini, Porpora, Jomelli et Piccini. C'est ce dernier qu'on opposera, en France, à Gluck. Cependant Gluck n'en réussira pas moins à réformer utilement l'opera seria, lui rendant toutes ses vertus dramatiques et réduisant à de plus justes proportions la part du *bel canto*. De cette réforme, il résulte que Paris devient le centre de l'art lyrique : les Italiens eux-mêmes viennent y chercher la consécration ; c'est le cas de Cherubini, de Spontini, de Bellini, de Rossini. L'école française proprement dite n'en connaît pas moins une fâcheuse éclipse : de Rameau à Berlioz, aucun grand nom n'est à citer. En revanche, l'école allemande s'enrichit, avec Mozart, de ses premiers grands chefs-d'œuvre dramatiques.

Au XIXe va disparaître l'opéra traditionnel avec ses airs, ses récitatifs et ses ariosi. Tandis que le déclin de l'opéra italien se précipite, l'opéra allemand connaît un renouvellement total, dans la forme et dans l'esprit, avec Weber d'abord, puis Richard Wagner, dont les drames musicaux réalisent une symbiose nouvelle du drame et de la musique. L'école russe, d'abord influencée par les Italiens, atteint les plus hauts sommets d'un art typiquement slave dans le *Boris Godounov* de Moussorgsky. Après quelques œuvres qui, vers la fin du siècle, témoignent d'un redressement évident, l'école française inaugure le XXe par un coup d'éclat : le *Pelléas* de Claude Debussy. Il semble toutefois que ce soit là une réussite exceptionnelle et isolée. Aussi bien, le XXe ne paraît pas devoir être une grande époque de théâtre lyrique. Peut-être la sensibilité contemporaine s'accommode-t-elle mal des conventions d'un genre que beaucoup jugent périmé ? Il faut reconnaître que bien peu de chefs-d'œuvre viennent infirmer cette condamnation. Pièce maîtresse de l'expressionnisme allemand, le *Wozzeck* de Berg, encore mal connu en France, fut composé au lendemain de la première guerre mondiale.

Structure. — La structure de l'opéra est commandée par le livret (1). Selon le nombre des personnages que celui-ci met en scène et la façon dont il les fait agir, la partition musicale prend la forme du récitatif, de l'arioso, de l'aria, du duo ou du chœur. On voit, par cette énumération, que l'opéra, au même titre que la cantate, est une forme composée, et qu'il s'organise à partir des mêmes formes simples. Cependant, l'action dramatique y étant plus soutenue, le récitatif et l'arioso y occupent une place sans doute plus importante.

La structure générale de l'opéra appartient à l'un des deux types suivants :

1° Le type ancien ou « opéra à numéros », dans lequel chaque morceau constitue un tout, nettement séparé de ce qui précède et de ce qui suit. Il n'est peut-être pas inutile de résumer le plan du premier acte du *Don Juan* de Mozart, qui, bien qu'étant à la frontière de l'opéra-comique et de l'opéra, n'en constitue pas moins un excellent exemple de construction « à numéros » :

N° 1. Introduction (ensemble)	Leporello, Anna, Don Juan, le Commandeur ;
N° 2. Récitatif et Duo	Anna et Ottavio ;
N° 3. Trio	Elvire, Don Juan, Leporello ;
N° 4. Aria	Leporello ;
N° 5. Duo et Chœur	Zerline, Mazetto, les paysans ;
N° 6. Aria	Mazetto ;
N° 7. Duo	Don Juan, Zerline ;
N° 8. Aria	Elvire ;
N° 9. Quatuor	Elvire, Anna, Ottavio, Don Juan ;
N° 10. Récitatif et Air	Anna ;
N° 11. Aria	Ottavio ;
N° 12. Aria	Don Juan ;
N° 13. Aria	Zerline ;
N° 14. Finale (ensemble)	Tous les personnages.

(1) Cette constatation peut évidemment s'appliquer aux autres formes dramatiques, ou semi-dramatiques, ballet, cantate et oratorio.

On notera que chaque numéro est séparé du suivant par un *recitativo secco*, pendant lequel progresse l'action. Ce type de récitatif purement italien est remplacé dans l'opéra français, celui de Rameau par exemple, par le récitatif libre, d'un caractère moins léger.

2° Le type moderne ou drame lyrique, dans lequel l'unité de construction n'est plus le morceau, le « numéro », mais la scène. Ici la continuité dramatique est assurée de façon plus rigoureuse, par un constant enchaînement des diverses phases musicales. Aussi bien celles-ci sont-elles beaucoup moins différenciées les unes des autres que dans l'opéra de type ancien. On a vu que chez Wagner, l'aria devient une sorte d'arioso dominant une trame orchestrale extrêmement dense et continue, elle-même éclairée, sur le plan dramatique, par l'usage du *leit-motiv* (motif musical symbolisant une idée ou un personnage). Avec Debussy c'est une nouvelle espèce de récitatif, particulièrement souple et mélodique, qui se substitue aux formes traditionnelles. *Pelléas et Mélisande* ne comporte aucun air, aucun duo, aucun chœur. La seule division qu'on y peut trouver est celle que fournissent les interludes d'orchestre qui séparent chaque tableau.

L'OPÉRA-COMIQUE

L'opéra-comique ou *opera buffa* se distinguait à l'origine du grand opera seria par le sujet et le style, dont la légèreté justifiait un emploi beaucoup plus abondant du parlé. Mais, vers la fin du XIXe, cette forme s'est élargie, abordant des sujets jusqu'alors réservés à l'opéra, et dans un style tout à fait similaire ; de sorte qu'il est devenu difficile d'en donner une définition précise.

L'opera buffa, forme italienne de l'opéra-comique, est issu de l'*intermède* (v. ce mot) qui, traditionnellement, meublait les entr'actes de l'*opera seria*. C'est à Naples qu'il prend son essor, au début du XVIIIe, avec Logroscino et Pergolèse. Au début, ce n'est qu'une parodie bouffonne de l'*opera seria*, mais très tôt la forme s'organise, trouve un style qui lui est propre ; l'intrigue de comédie y remplace le sujet antique de l'*opera seria* ; la construction dramatique, moins enfoncée dans la convention, en est infiniment plus vivante. Aussi bien, l'opera buffa, en renouvelant le genre d'une façon qui plaît particulièrement au public de l'époque, prend-il un certain avantage qui ne tardera pas à se manifester sur le plan esthétique : dans la seconde moitié du XVIIIe, la plupart des œuvres lyriques de valeur appartiennent à la nouvelle forme. D'autre part, la *Servante maîtresse* de Pergolèse, jouée à Paris en 1752, y déchaîne la fameuse Querelle des bouffons, d'où va sortir l'opéra-comique français de Rousseau, Philidor, Monsigny et Grétry. C'est à peu près à la même époque qu'Hiller se fait, en Allemagne, l'initiateur d'un opéra-comique national, à base de *lieder*, auquel il donne le nom de *singspiel.* Mais c'est Mozart qui, s'inspirant de l'école italienne des Cimarosa et Paesiello, donnera les chefs-d'œuvre de l'opéra-comique allemand, qui annoncent l'élargissement de la forme auquel on aboutira cent ans plus tard, avec la *Carmen* de Georges Bizet — élargissement qui, par contrecoup, provoquera la naissance de l'opérette. Entre-temps, le XIXe siècle a consacré la décadence de l'opera buffa italien, dont la dernière manifestation importante est le *Barbier de Séville* de Rossini, et la montée de l'école française. De nos jours, enfin, et malgré quelques tentatives intéressantes, il semble bien que l'opéra-comique traverse une crise de renouvellement tout aussi grave que celle dont souffre le grand opéra.

L'opéra-comique emprunte directement sa structure à l'ancien opéra « à numéros ». Toutefois, les récitatifs chantés de l'opera seria y sont souvent remplacés par des dialogues parlés *(Carmen).*

L'OPÉRETTE

L'opérette, née de l'opéra-comique vers le milieu du XIXe siècle, en diffère essentiellement par la légèreté du sujet et du style. Le parlé y est plus abondant, et la musique s'y limite en général à une série de couplets encadrés de quelques ensembles, les uns et les autres étant accompagnés discrètement à l'orchestre. C'est l'évolution de l'opéra-comique vers des sujets autrefois réservés à l'opéra qui, par contrecoup, a contribué à faire se cristalliser l'opérette dans sa forme actuelle. Mais l'opérette appartient à une longue filiation dont il ne faut exclure ni l'*opera buffa* italien du XVIIIe, ni les intermèdes et mascarades des XVIe et XVIIe, ni même les jeux médiévaux tels que le *Jeu de Robin et Marion* d'Adam de La Halle (XIIIe siècle). L'opérette du XIXe est souvent un chef-d'œuvre de bonne humeur et d'amabilité : Hervé, Offenbach, Lecocq, Planquette, Johann Strauss ont écrit des pages sans prétention qui contiennent plus de musique que bien des opéras de l'époque. Au XXe, mis à part Messager, il semble bien que l'opérette, à l'exemple des autres branches du théâtre lyrique, éprouve quelque difficulté à se renouveler de façon valable.

L'ORATORIO

L'oratorio est une sorte de grande cantate, souvent à personnages multiples, dont l'origine remonte aux jeux liturgiques et mystères que donnait au public romain l'association des Oratoriens de saint Philippe de Néri (XVIe siècle). Parmi les plus anciens, on cite l'*Anima e Corpo* (1600) de Cavalieri. Peut-être la forme en était-elle dramatique à l'origine. Est-ce Carissimi qui, en y introduisant, vers le milieu du XVIIe, le récitant, la fait évoluer vers la musique de concert ? On peut le penser. Quoi qu'il en soit, l'oratorio atteint son apogée à la fin du XVIIe et dans la première moitié du XVIIIe : en France, avec les « Histoires sacrées » de M.-A. Charpentier ; en Allemagne et en Angleterre, surtout, avec les *Passions* (v. ce mot) de Bach et les oratorios bibliques de Hændel.

Les Saisons de J. Haydn marquent l'extension de l'oratorio au domaine profane. Malgré quelques belles pages de Berlioz, Liszt et Franck, le XIXe peut être considéré comme une période de décadence de la forme. Celle-ci connaît un certain renouveau après la guerre de 1914 avec, notamment, Honegger et Milhaud.

Structure. — Comme la cantate, l'oratorio est une forme composée. On y trouve les mêmes éléments : aria, arioso, récitatif, duo, trio, chœur. Le rôle de l'orchestre est nettement plus important : parfois lui sont confiés de longs interludes expressifs *(Sinfonia pastorale* du *Messie).*

Le Messie de Hændel, type de l'oratorio du XVIIIe, retrace en trois parties la vie du Christ ; il comporte sept récits, dix-sept arias et dix-sept chœurs. Dans certains oratorios, Hændel n'utilise que le chœur, alternativement fugué et homophone. Chez les modernes, le récitant abandonne généralement le chant pour le parlé (*La danse des morts* d'Honegger) ; il en va de même des personnages multiples qui animent une grande fresque comme *Jeanne au bûcher*, d'Honegger également, où se trouvent mêlés les éléments les plus divers : chanson populaire, choral, airs de danse, morceaux symphoniques, chœurs, en une suite de scènes s'enchaînant à la manière d'un opéra moderne, par opposition aux « numéros » de l'ancien oratorio.

L'OUVERTURE

L'ouverture, traditionnellement conçue pour l'orchestre, est la pièce, plus ou moins développée, par quoi débutent la plupart des ouvrages lyriques, opéras ou oratorios, ainsi que certaines suites. Le plus ancien exemple qu'on en connaisse est la toccata de trombones et d'orgue qui précède l'*Orfeo* de Monteverdi (1608). Au XVIIe, l'usage s'établit très vite de placer en tête d'un opéra une courte canzone ou sinfonia : c'est l'*ouverture à l'italienne*. L'*ouverture à la française*, qu'on trouve déjà dans le ballet de cour, mais que le rayonnement de l'œuvre de Lulli imposera dans toute l'Europe — exception faite de l'Italie —, demeure longtemps une forme beaucoup plus riche. Elle donne son nom à la suite française (v. *suite*), dont elle est la pièce liminaire, et, occasionnellement, à la suite allemande : on sait que J.-S. Bach intitulait *ouvertures* ses fameuses suites d'orchestre. Cette dénomination s'étend même à la suite de clavecin. Vers le milieu du XVIIIe, cependant, l'évolution des conceptions musicales la fait juger périmée, tandis que l'ouverture à l'italienne, qui a pris un magnifique essor sous la plume des Hændel, Hasse, Galuppi, Jomelli, prend à son tour l'avantage. Par la suite, l'ouverture subit l'influence de la symphonie classique : elle en adopte le style et la structure de l'allegro initial (Mozart). Au XIXe apparaît l'ouverture pot-pourri, où se succèdent les principaux airs de l'opéra (Rossini), puis le prologue symphonique wagnérien, qui, conçu dans un esprit proche de celui du poème symphonique, se suffit à lui-même, au même titre, d'ailleurs, que l'ouverture mozartienne : l'exécution en concert de telles ouvertures est des plus courantes. Il semble que l'opéra et l'oratorio du XXe siècle se privent volontiers de l'ouverture, lui substituant généralement une courte introduction orchestrale *(Pelléas et Mélisande)*, qui se réduit parfois à quelques mesures *(Wozzeck)*.

Structure. — La structure de l'ouverture varie selon le type adopté. L'ouverture à l'italienne, telle qu'elle apparaît chez

Alessandro Scarlatti par exemple, comporte deux mouvements rapides encadrant un mouvement lent, le tout s'enchaînant sans interruption.

L'ouverture à la française de Lulli est également tripartite, mais ici ce sont deux mouvements lents *(graves)* qui encadrent un mouvement vif. Les *graves* sont écrits à cinq voix — souvenir du madrigal expressif ? — et dans un rythme où les valeurs pointées dominent. Il est rare que le second grave soit une répétition textuelle du premier. Le mouvement central est souvent de style fugué. C'est ce type d'ouverture que J.-S. Bach place en tête de ses quatre *Suites* pour orchestre.

Avec Rameau, l'ouverture à la française se trouve modifiée par la suppression du second *grave*. Le mouvement lent initial évolue vers la dominante, le mouvement rapide revient vers la tonique.

L'ouverture classique comporte elle aussi une introduction lente, mais celle-ci, dès Mozart, tend à se réduire ; l'intérêt se concentre sur l'allegro qui emprunte à la sonate son plan tonal *(Don Juan)*. Cependant on y trouve parfois un épisode central mettant en évidence des éléments distincts de ceux de l'exposition *(La flûte enchantée)*.

Les formes d'ouverture en honneur dans la seconde moitié du XIXe siècle font corps de façon plus étroite avec la pièce même. L'ouverture en manière de pot-pourri *(Carmen)* résume en un « bout à bout » assez rudimentaire les principaux airs de la partition. Le prélude wagnérien *(Lohengrin, Parsifal)*, plus construit, évoque avec plus de subtilité l'atmosphère du drame. Dans l'opéra moderne, ce prélude se trouve parfois réduit aux dimensions de l'ancienne introduction de l'ouverture classique ; mais, en compensation, se multiplient les interludes reliant un tableau à un autre *(Pelléas)*.

LA PASSACAILLE

D'origine espagnole, la passacaille, air de marche au XVIe siècle, devint ensuite une danse lente, à trois temps. C'est aux XVIIe et XVIIIe qu'elle prend toute son importance dans la musique instrumentale en tant que forme. Il arrive qu'on lui fasse une place dans la suite, dont elle est alors la pièce finale, et la plus développée. Classiques et romantiques ont complètement délaissé cette forme qui, jusqu'à présent, n'a fait que de rares réapparitions dans l'art contemporain *(Wozzeck)*.

Structure. — La passacaille, composition de style polyphonique, présente de sérieuses analogies avec la *chacone* et le *ground* (v. ces mots) : toutes ces formes sont basées sur un dessin dont la répétition entraîne des variations soit dans l'énoncé de ce thème, soit dans les autres parties. Le principe de la passacaille est que le dessin générateur, qu'il reste à la basse ou, cas moins fréquent, voyage dans les diverses parties, demeure intégralement le même dans la plupart des variations. Ce sont donc les autres parties qui apportent le renouvellement indispensable au développement de l'œuvre. Il en est ainsi dans la *Passacaille et fugue* pour orgue de J.-S. Bach, qui peut être regardée comme la page polyphoniquement la plus riche qu'on ait écrite en partant du procédé de la basse contrainte. A l'exposé du thème, très simple mélodie dont le début est emprunté à un Français du XVIIe, André Raison, succèdent vingt variations, caractérisées par la combinaison du thème et d'un motif secondaire chaque fois différent. On remarquera que le thème est donné intégralement dans quinze des vingts variations ; qu'il est modifié rythmiquement selon la carrure des motifs secondaires qui l'accompagnent dans les variations 5, 9 et 13 ; qu'il apparaît au soprano dans les variations 11 et 12, à l'alto dans la treizième ; enfin qu'il n'est qu'indiqué, à la basse, dans les variations 14 et 15 (v. *variation*).

La Fugue qui succède à la Passacaille est écrite sur le même sujet. Il est intéressant de noter, au point de vue de la construction tonale, que la structure de la passacaille et, d'une façon générale, le procédé de la basse contrainte favorisent peu la modulation : l'entrée de la réponse (sujet pris dans le ton de la dominante) à la cinquième mesure de la Fugue introduit, pour la première fois dans cette œuvre de larges dimensions, une tonalité nouvelle (on ne peut en effet considérer comme de véritables modulations les quelques « emprunts » par lesquels Bach s'efforce de pallier le côté statique du plan tonal que lui impose son thème).

LA PASSION

La passion n'est pas une forme bien définie : elle s'apparente tantôt au motet, tantôt à l'oratorio ; elle s'en distingue par un esprit à demi-dramatique, où lyrisme et style d'église s'équilibrent. C'est le récit de la passion du Christ d'après les évangiles, tel qu'il est prescrit par le rituel de la semaine sainte. Dès le Moyen Age, il était d'usage de répartir entre différents chantres les voix de Jésus, de Pilate, de Judas, etc. Vers 1600, en Italie, le style récitatif apparaît dans les représentations sacrées. La passion devient une sorte de motet à plusieurs personnages, une cantate sans orchestre. C'est en Allemagne que cette forme va prendre toute son ampleur, avec Schütz et Sebastiani (XVIIe) qui y introduisent le choral protestant, puis avec Telemann, Hændel et J.-S. Bach, qui traitent la passion comme un immense oratorio. La décadence qu'a connue la musique sacrée depuis la seconde moitié du XVIIIe siècle est particulièrement sensible dans ce domaine : à la liste des musiciens ayant écrit une passion de quelque valeur, il est impossible d'ajouter le moindre nom après celui du cantor de Leipzig.

Structure. — Si ses proportions sont plus vastes, la passion du XVIIIe ne diffère en rien, sur le plan de la structure, de l'oratorio et de la cantate. Chez J.-S. Bach, on retrouve le récitatif, pur ou accompagné (le récitant, ici, personnifie l'Evangéliste), l'arioso, l'aria, le chœur et le choral, harmonisé ou figuré, qui se succèdent en une immense fresque de soixante-dix-huit numéros. Les passions plus anciennes ne mettent en jeu qu'une partie de ces éléments : chez Schütz, le récitatif alterne avec le choral ; plus sévère encore est la passion semi-psalmodiée du XVIe (Victoria, Byrd), où l'avantage est au texte récité *recto tono*.

LE POÈME SYMPHONIQUE

C'est dans le poème symphonique que se résume l'essentiel de la « musique à programme ». Ici la musique, sans toujours abandonner toute idée de plan musical, d'architecture, s'efforce de peindre et même de narrer. Le poème symphonique est un tableau ou un drame qui s'expriment par la seule vertu des instruments. Comme son nom l'indique, il est généralement conçu pour le grand orchestre, dont toutes les ressources semblent nécessaires à la poursuite d'un but aussi ambitieux ; toutefois, on a écrit de remarquables poèmes symphoniques pour le piano seul (*Les tableaux d'une exposition* de Moussorgsky). Avant l'apparition du poème symphonique au XIXe siècle, de nombreux essais de musique descriptive avaient été tentés, dès le XVIe (*Le chant des oiseaux* de Janequin). Mais le poème symphonique ne s'en tient pas à la simple description ; il l'organise autour d'un sujet déterminé, anecdote ou poème, dont il s'efforce d'évoquer avec précision les divers moments et péripéties. A ce titre, on peut voir en Johann Kuhnau son véritable précurseur. Certaines œuvres intitulées *symphonies* sont en réalité des poèmes symphoniques (*Symphonie fantastique* de Berlioz).

Structure. — Soumis à l'anecdote qui l'inspire, le poème symphonique n'a pas de structure précise : il peut emprunter celle de toute autre forme, ou n'en avoir aucune. Les *Sonates bibliques* de Kuhnau, pour le clavecin, qui comptent parmi les plus anciens essais narratifs connus, font appel, lors même que leur souci descriptif s'applique à l'évocation des plus infimes détails, aux constructions les plus courantes à l'époque (fin du XVIIe). Dans le poème symphonique proprement dit, il est de règle qu'un thème caractérise un décor ou un personnage. Chacun des aspects du *Till Eulenspiegel* de Richard Strauss correspond à un dessin mélodique, dont le retour périodique fait de l'œuvre une sorte de rondo. Ici le thème prend donc une signification anecdotique autant que musicale. Aussi bien, l'auteur s'efforce-t-il de suivre son programme pour ainsi dire mesure par mesure. Le cas de *La mer* de Debussy est différent, en ce sens que tout élément narratif semble exclu de cette page purement impressionniste, où l'on s'est seulement proposé — *a posteriori*, peut-être — de suggérer à l'auditeur trois aspects de l'océan.

LE PRÉLUDE

Le prélude appartient essentiellement à la musique instrumentale. C'est une pièce de dimensions assez variables, qui, ainsi que l'indique son nom, a pour fonction d'introduire une ou plusieurs autres pièces : fugue ou suite de danses. Cependant, des compositeurs comme Chopin et Debussy ont écrit des séries de préludes qui se suffisent à eux-mêmes. Bien que certaines pièces pour orgue des tablatures d'Ileborgh (1448), entre autres, soient intitulées *preludia*, l'on peut considérer que le prélude prend son origine dans la musique de luth, au XVIe siècle. Les Italiens appelaient *intonazione* les quelques phrases qu'improvisait l'instrumentiste avant l'exécution d'un morceau, imposant ainsi la tonalité de l'œuvre tout en vérifiant l'accord de l'instrument. Passant du luth au clavecin et à l'orgue, l'intonazione devient au XVIIe le prélude, dont l'importance ne cessera de croître jusqu'à J.-S. Bach. Tous les principaux polyphonistes anglais, allemands et français ont cultivé cette forme (v. *fantaisie*, *toccata*, *ouverture*).

Structure. — Au XVIIe, le prélude est une forme très libre : même écrit, il évoque l'improvisation. Chez les maîtres français de l'époque (Louis Couperin, Lebègue), il n'est même pas mesuré. C'est un simple enchaînement de phrases dont le seul lien est celui de la tonalité : souvenir de ses origines. Comme tel, il présente des affinités avec la *fantaisie* et surtout la *toccata* (voir ces mots).

C'est J.-S. Bach qui, l'un des premiers, songe à organiser le prélude, lui donnant, avec une structure ferme, des proportions beaucoup plus vastes. On trouve dans sa musique de clavecin et d'orgue une grande variété de préludes. Le plus répandu est sans doute le prélude en *bicinium* (contrepoint renversable à deux voix), dans lequel les éléments thématiques exposés à la basse sont destinés à passer à la partie supérieure, et vice-versa. Cette forme de prélude emprunte souvent la structure binaire des mouvements de la suite (*Le clavecin bien tempéré*, deuxième cahier, XX). Une autre formule très courante est celle du prélude à deux ou trois voix en style d'imitation (deuxième cahier, IX). Un troisième type, qui rappelle davantage la toccata, fait usage comme celle-ci d'une écriture plus spécifiquement harmonique où ne manquent pas les effets brillants (premier cahier, XXI). D'autres préludes sont de véritables *ricercari*, où toutes les ressources du contrepoint sont mises en œuvre (deuxième cahier, XXII) ; à moins qu'ils ne s'efforcent, tout au contraire, de développer harmoniquement un simple dessin en forme d'arpège (premier cahier, I). Plus rarement, le prélude emprunte la structure de l'ouverture à la française ou de la sinfonia italienne. Enfin, les grandes constructions sont ordinairement réservées au prélude d'orgue, bâti sur un ou deux thèmes (un seul, le fameux *Prélude en* mi *bémol*, en comporte trois). On serait donc tenté d'écrire que J.-S. Bach a épuisé cette forme, si le prélude n'avait connu, chez quelques maîtres des XIXe et XXe siècles, un indéniable renouveau. Cependant celui-ci affecte surtout le style : le prélude de Chopin ou celui de Debussy, admirables d'expression, ne présentent guère d'intérêt architectonique.

LE PSAUME

Le psaume est une des formes vocales les moins définies. C'est un chant de louange qui, du culte israélite, est passé dans la liturgie catholique, puis au temple protestant. Saint Ambroise semble en avoir emprunté à l'Eglise d'Orient la forme originelle, à deux chœurs alternés. Au cours des siècles, le psaume a subi de nombreuses transformations. D'abord adopté par le plain-chant grégorien, il est ensuite traité par les premiers polyphonistes sous forme d'organum (XIIe et XIIIe siècles). Au XIVe, on le chante couramment à une voix avec accompagnement instrumental. La Réforme française en fait son chant le plus usuel : Goudimel, Claude Le Jeune l'écrivent à quatre voix (parfois davantage), *a cappella*, de façon très syllabique. Au XVIIe, le psaume prend l'aspect général de la cantate et du grand motet, avec chœurs, solistes et orchestre (*De Profundis* de La Lande). Dans cette tradition du grand psaume avec orchestre se situent des œuvres modernes comme le *Psaume* de Florent Schmitt et la *Symphonie de Psaumes* de Strawinsky.

LE QUATUOR

Le quatuor est un morceau instrumental ou vocal écrit à quatre voix. Il ne s'ensuit pas que toute œuvre écrite à quatre parties soit un quatuor au sens plein du terme : en fait, depuis le XVe siècle, l'écriture à quatre parties, qui permet d'allier la richesse à la simplicité, est la plus usitée dans presque tous les genres. Messe, motet et chanson polyphonique sont, dès cette époque, très souvent écrits à quatre voix. A la fin du XVIe, l'écriture à cinq et plus de cinq parties se développe ; au XVIIe, on observe au contraire une certaine prédominance de l'écriture en trio ; cependant, l'écriture à quatre voix demeure. Vers le milieu du XVIIIe, le groupe des cordes, qui comprend deux parties de violons, une partie d'alto et une partie de violoncelle (doublée, à l'orchestre, par la contrebasse), est la cellule principale de l'orchestre symphonique naissant. Les instruments tendant à s'individualiser, il s'émancipe peu à peu jusqu'à devenir un tout indépendant, en tant qu'ensemble comme en tant que forme : le quatuor de solistes. Si les premiers quatuors de Boccherini ne sont, en fait, que des symphonies pour cordes, Stamitz et Gossec distinguent déjà ceux de leurs quatuors qui doivent être joués à quatre de ceux pour lesquels l'orchestre est préférable. L'influence du *divertimento*, en imposant le petit ensemble de solistes, assurera le succès définitif du quatuor à cordes. A partir de Haydn et Mozart, le quatuor à cordes est, avec la sonate, la principale forme de musique de chambre. De Beethoven à

Bela Bartok, presque tous les grands musiciens l'ont honorée.

D'autres types de quatuor sont utilisés, principalement depuis le début du XIXe. Le plus courant est le quatuor avec piano, dans lequel l'instrument à clavier vient s'ajouter au trio à cordes.

A côté du quatuor instrumental, il faut mentionner le quatuor vocal, bien que celui-ci ait le caractère d'une combinaison sonore plus que d'une véritable forme musicale. Les quatre parties du quatuor vocal correspondent ordinairement aux quatre principaux types de voix humaines : soprano, alto, ténor et basse. Cependant d'autres combinaisons sont possibles ; l'une des plus fréquentes est celle du quatuor de voix d'hommes, comprenant deux ténors, baryton et basse. Le quatuor vocal est à la base de toutes les grandes formes chorales, le madrigal excepté.

Structure. — Le quatuor instrumental n'a pas de structure propre. Comme toutes les formes classiques de musique de chambre, il emprunte celle de la sonate. Cependant le nombre des mouvements est rarement inférieur à quatre. Certains quatuors à cordes de Beethoven en comportent même davantage *(XIVe Quatuor)*.

LE RÉCITATIF

Dans le récitatif, la phrase musicale se met rigoureusement au service du langage ; elle en épouse le rythme, et souligne parfois moins le sens du mot que son accentuation. Cette forme a pris naissance avec l'opéra, dont elle est l'un des éléments principaux. Comme l'opéra, elle est due aux Florentins de la fin du XVIe (Peri, Caccini, Galilei), pour qui la tâche la plus urgente était de remettre au premier plan, dans la musique vocale, le texte poétique, que la complexité de l'écriture polyphonique desservait.

Au début, le récitatif n'était accompagné que par une simple basse continue instrumentale, destinée à assurer, en la soutenant, la justesse de l'intonation. Une très large liberté d'interprétation était laissée au chanteur, que ne pouvaient en rien gêner les quelques accords à quoi se réduisait la partie instrumentale. Mais l'usage de textes rimés devait fatalement ramener les compositeurs à une musique mélodiquement et rythmiquement plus organisée. C'est ainsi qu'apparurent, au cours du XVIIe siècle, de nouvelles formes intermédiaires entre le récitatif pur et l'aria. Certaines mettent en jeu un accompagnement assez fourni, comprenant plusieurs parties instrumentales obligées. Il convient ici de distinguer le *récitatif accompagné*, encore étroitement soumis au texte poétique qu'il souligne, de l'*arioso* (v. ce mot), plus mélodique et plus mesuré. L'un et l'autre sont de fréquent emploi dans les opéras, cantates, oratorios et grands motets des XVIIe et XVIIIe siècles. Ils y servent de liaison entre le récitatif pur (*récitatif simple* des Français, *recitativo secco* des Italiens) et l'aria.

Mais tandis que le récitatif pur disparaît au cours du XIXe (c'est chez Rossini qu'on trouve les derniers exemples de *recitativo secco*), le récitatif accompagné va donner naissance à un nouveau style dramatique : chez Wagner, récitatif, arioso et aria tendent à se confondre, à ne plus former qu'une sorte de mélodie perpétuelle, seulement guidée par les exigences du drame. Une conception assez analogue triomphe, au début du XXe, avec le *Pelléas* de Debussy, où pour la première fois la phrase chantée épouse dans toute sa souplesse, et d'un bout à l'autre de la pièce, la parole. C'est dans un esprit assez différent que Berg, dans *Wozzeck*, substitue

Fig. 8. — *Les Noces de Figaro* (Mozart)

au récitatif le procédé expressionniste de la mélodie parlée *(sprechtmelodie)*.

Bien que certains compositeurs — tel Beethoven dans le finale de la *IX*e *Symphonie* — l'aient adapté aux styles instrumental et orchestral, le récitatif demeure une forme essentiellement vocale.

Structure. — Le principe même du récitatif s'oppose à toute architecture musicale définie. Il s'agit d'abord de réaliser une union de la phrase mélodique et de la phrase parlée. La langue italienne, au débit rapide et fortement accentué, se prête au volubile *recitativo secco*, le plus proche de la parole. Généralement accompagné au seul clavecin, ce type de récitatif consiste en formules mélodiques ponctuées, aux fins de phrases, de quelques formules cadentielles (fig. 8).

Plus mélodique, d'un rythme plus souple qui n'hésite pas à faire appel à de fréquents changements de mesure est le récitatif simple des Français (fig. 9).

Néanmoins, ces deux formes de récitatif pur se caractérisent communément par une grande liberté de mesure. L'une et l'autre ont pour objet de faire progresser l'action dramatique ; aussi les dialogues y sont-ils fréquents. Au contraire, le récitatif accompagné ou *obbligato*, plus méditatif et expressif, se présente presque toujours sous forme de monologue. La basse continue est ici remplacée par l'orchestre (ou tout au moins les cordes). La mesure est beaucoup plus stricte. Récitatif pur et récitatif accompagné alternent parfois au cours d'une même période : il en est ainsi dans la *Passion selon saint Matthieu*, chaque fois que la voix du Christ, toujours soutenue par les violons (alors que celles des autres personnages ne le sont que par la basse continue), se fait entendre. L'importance du rôle confié à l'orchestre est évidemment beaucoup plus grande dans les formes modernes de récitatif accompagné ; toutefois, dans le *Pelléas* de Debussy, l'orchestre reste presque toujours en deçà des chanteurs.

Fig. 9. — *Zaïs* (Rameau). Récitatif de Zélidie

LE REQUIEM

La messe de Requiem diffère de la messe ordinaire non seulement par son caractère funèbre, mais par l'ordre et le nombre des diverses parties dont elle se compose. Le texte de la messe des morts, d'abord réservé au chant grégorien, puis traité par quelques polyphonistes du XVIe, dont Roland de Lassus et Victoria, n'est vraiment en honneur qu'au XIXe siècle, où Berlioz, Schumann, Liszt, Verdi, Fauré, suivant en cela l'exemple de Mozart, dont le *Requiem* (1791) est la dernière œuvre, en font le point de départ d'une sorte de vaste cantate ou de messe concertante où alternent airs et chœurs, soutenus par un orchestre très fourni. Cette conception est encore en faveur auprès de quelques compositeurs (Wolff, Duruflé).

Structure. — Dans la messe de Requiem, le *Gloria* et le *Credo* sont supprimés. Elle débute pas l'*Introït (Requiem aeternam dona eis)* plus le verset de psaume *Te decet hymnus*, se poursuit par le *Kyrie*, puis par le *Graduel (Requiem aeternam)*, plus le trait *Absolve* et la séquence *Dies irae* ; c'est ensuite l'*Offertoire (Domine Jesus Christe, Sanctus et Benedictus)*, puis l'*Agnus Dei* et enfin la *Communion (Lux aeterna)*.

LA RHAPSODIE

La rhapsodie, sorte de fantaisie de style très libre, composée sur des chants populaires — ou sur des thèmes très simples qui peuvent en tenir lieu — est une forme essentiellement instrumentale ; on peut même avancer qu'elle n'atteint son plein effet qu'à l'orchestre. Elle est souvent d'allure nettement folklorique ; telles les *Rhapsodies hongroises* de Liszt ou la *Rhapsodie norvégienne* de Lalo, qui demeurent parmi les plus célèbres du XIXe siècle. Au XXe, le maître de la forme est sans conteste Bela Bartok, dont presque tout l'œuvre instrumental, *quatuors* ou *concertos*, quoique souvent très construit, participe de l'esprit de la rhapsodie. Celui-ci pourrait se définir par la juxtaposition continuelle d'épisodes plus ou moins courts et qui font contraste les uns avec les autres. On conçoit que, procédant de telles données, la rhapsodie se prête assez peu à un type de structure caractérisé.

LE RICERCAR

Le *ricercar* (ricercar : recherche) est une pièce instrumentale de structure assez libre, imitée du motet vocal. D'abord conçue pour le luth, puis pour l'orgue ou le clavecin, cette forme, de caractère plus austère que la canzone, apparaît dès le début du XVIe siècle. Les Italiens lui donnent le nom de *ricercar*, de *fantasia* ou de *capriccio* ; les Anglais l'appellent *fancy* ; mais la forme existe également en Espagne, en Allemagne, en France. Au XVIIe, le ricercar s'organise ; sous l'impulsion de Titelouze,

Sweelinck, Frescobaldi, Fröberger, il évolue vers la fugue, à laquelle il donnera naissance. Au XVIIIe, on n'utilise plus guère le mot, sinon pour désigner, assez paradoxalement, une variété de fugue particulièrement construite (v. *canzone*, *fantaisie*, *fugue*).

Structure. — Comme le motet, dont il est issu, le ricercar fait appel à l'écriture contrapunctique en imitations. Il se compose généralement de plusieurs épisodes (de trois à neuf), qui mettent chacun en jeu un motif différent. L'unité n'est assurée que par le tempo et la tonalité. Une telle mise bout à bout de plusieurs thèmes s'expliquait dans le motet, où le texte commandait la démarche musicale ; elle se justifie moins ici. Certains ricercari monothématiques des Gabrieli, ceux, mieux organisés encore, de Frescobaldi et de Fröberger, sont déjà très proches, toutefois, de la fugue du XVIIIe.

LA ROMANCE

La romance est un chant d'amour, au caractère particulièrement sentimental, de l'époque pré-romantique et romantique. Elle se distingue de la ballade, sa contemporaine, par l'absence de tout élément dramatique et tragique, et, sur le plan musical, par la prépondérance absolue de la mélodie. Vocale, c'est une sorte de lied plus mondain que populaire : elle a la facilité, le raffinement superficiel de la musique de salon. Instrumentale, elle conserve ce caractère tout en prenant parfois de l'ampleur (mouvement lent de la *IV*^{e} *Symphonie* de Schumann). Mendelssohn a laissé une importante série de *Romances sans paroles*, pour le piano. En France, la romance vocale accompagnée au piano, à la harpe ou à la guitare connut une très grande vogue. Les petits maîtres français : Gossec, Grétry, Boïeldieu cultivèrent cette forme qui par plus d'un côté procède de l'ancien *air de cour* (v. ce mot), et que la *mélodie*, infiniment plus riche, allait bientôt rendre surannée.

Structure. — D'une façon générale, la romance n'a pas de structure bien définie. Elle emprunte souvent celle du rondo ou de la « forme lied ». Cependant la romance française est presque toujours strophique. à couplets et ritournelles, agrémentée parfois d'un récitatif en guise d'introduction. A l'air de cour du XVIIe elle emprunte le *double* à moitié improvisé, où le chanteur fait valoir sa voix en inventant des variantes dont on imagine qu'elles devaient donner lieu à de regrettables abus.

LE RONDO

Le rondo — que les Français de l'époque orthographient *rondeau*, comme la forme vocale médiévale dont il semble être issu, bien qu'aucun document ne permette de l'affirmer — est une forme instrumentale extrêmement répandue aux XVIIe et XVIIIe siècles. Il n'est guère de suite de l'école française qui ne comprenne un ou plusieurs rondos. L'œuvre de clavecin d'un François Couperin, entre autres, est principalement axé sur cette forme. La sonate et la symphonie classiques la conservent. Rondo devient alors synonyme de pièce brillante, vivement enlevée : on lui assigne le rôle de finale autrefois réservé à la gigue. Après une éclipse vers la fin du XIXe, le rondo fait de fugaces réapparitions chez certains maîtres contemporains (*Danse sacrale* du *Sacre du printemps* de Strawinsky, *Pas de danse* du *Septuor* de Schœnberg).

Structure. — Le rondo se caractérise par l'alternance d'une phrase principale — le refrain — et d'épisodes secondaires, chaque fois différents — les couplets. Si l'on représente le refrain par A, on obtient le schéma suivant : ABACADA, etc. Les dimensions du refrain sont assez réduites : il a généralement de huit à seize mesures. Chez les maîtres français des XVIIe et XVIIIe, les couplets sont généralement de même longueur. Parfois, ils contiennent des éléments du refrain (*La Joyeuse*, de Rameau) ; parfois ils en procèdent de façon assez étroite *(Les Niais de Sologne)* ; mais ils peuvent aussi en différer totalement. Ils évoluent, soit dans la tonalité principale, qui est celle du refrain, soit dans un ton voisin. Leur nombre n'est pas limité.

Le rondo-sonate. — Chez les classiques, le rondo, finale de sonate ou de symphonie, prend de l'ampleur. Les couplets deviennent beaucoup plus longs que le refrain. Celui-ci peut être réexposé dans différentes tonalités. Fréquemment le premier couplet s'infléchit vers le ton de la dominante et comporte une sorte de second thème qui réapparaîtra au dernier couplet dans le ton principal ; le couplet central, qui met en jeu de nouveaux éléments, fait office de développement modulant (Finale de la *Sonate en* si *bémol* pour piano de Mozart). On voit l'analogie avec la « forme sonate ».

LE SCHERZO

Le scherzo est une pièce double dont la construction rappelle celle du menuet. Comme celui-ci, il est à trois temps, mais de mouvement beaucoup plus vif. Il apparaît au début du XIXe. Certes, les Italiens se servaient depuis le XVIe siècle du terme de scherzo (badinage, caprice), pour désigner des œuvres de caractère enjoué, mélodie profane ou pièce instrumentale ; mais le scherzo ne devient une forme dans toute l'acception du terme qu'à partir de Beethoven, son véritable organisateur, qui lui assigne une place dans la sonate et la symphonie, où il remplace le menuet. Il en diffère par son caractère plus moderne, non dansant, et par le rythme. Chopin traite le scherzo comme une pièce indépendante. Sous ces deux aspects, il est fort en honneur au XIXe ; le XXe ne l'a pas oublié (on le retrouve notamment dans la *Suite lyrique* de Berg).

Structure. — Comme le menuet, dont il est issu, le scherzo se compose de deux pièces distinctes. La première est dite scherzo, la seconde trio. Elles offrent entre elles un contraste thématique qu'accentue leur tonalité différente. Chacune des deux pièces se subdivise à son tour en trois périodes, la première suspensive, la deuxième modulante, la troisième conclusive, cette troisième période constituant une réexposition de la première, selon le schéma ABA′. Ce même schéma ABA règle d'ailleurs la structure générale de l'œuvre, puisque la première des deux pièces est reprise en manière de *Da Capo* à la fin du trio : autre trait commun au scherzo et au menuet. Cependant, Beethoven, appliquant avant la lettre le conseil de Schœnberg : *n'écrivez jamais ce que votre copiste pourrait écrire à votre place*, s'ingénie à varier cette reprise de la pièce initiale en y introduisant des modifications d'écriture, et en lui adjoignant une coda. Schumann enrichit encore la forme par l'ajout d'un second trio, ce qui donne le schéma ABACA.

Mais la véritable différence entre menuet et scherzo vient de ce que, dans ce dernier, la période centrale B est presque toujours traitée comme un développement modulant, conçu dans l'esprit du développement central de l'allegro de sonate.

LA SÉRÉNADE

La sérénade, vocale à l'origine, est devenue une forme presque exclusivement instrumentale. Elle tient le milieu entre le divertissement et la symphonie : plus développée, plus recherchée dans son écriture que le premier, elle n'a pas les proportions de la seconde, et ne fait généralement pas appel à un orchestre aussi fourni ; d'autre part, le style en est plus concertant. La sérénade est très en vogue au temps du « style galant » (seconde moitié du XVIIIe) où Mozart, notamment, alors au service de l'archevêque de Salzbourg, en écrit un certain nombre pour la table ou le plein air. Les modernes (Roussel, Schœnberg, Strawinsky, Milhaud) ont repris cette forme tombée en désuétude au XIXe (v. *cassation*, *divertissement*).

Structure. — La structure de la sérénade participe de celles de l'ancienne suite — par le grand nombre de ses mouvements — et de la symphonie — par leur construction. Elle comporte souvent cinq ou six pièces, et même quelquefois davantage : la *Sérénade n° 7* de Mozart (K 250) n'en compte pas moins de huit ; la *Sérénade nocturne* (K 239), il est vrai, n'est composée que d'une marche, d'un menuet et d'un rondo.

LA SINFONIA

La *sinfonia* est une forme assez mal définie ; ou plus exactement, qui a connu plusieurs définitions successives. Au début du XVIIe, on distingue la *sinfonia*, pièce instrumentale d'écriture homorythmique, de la *sonata* ou *canzone da sonar*, essentiellement polyphonique. Mais vers le milieu du siècle, une nouvelle discrimination apparaît : la *sinfonia* devient une sonate qu'on place en tête d'une *partita* ou d'un ouvrage lyrique. A partir de Lulli, les termes de *sinfonia* et d'*ouverture à l'italienne* se confondent. Puis, par extension, l'usage s'impose d'appeler *sinfonia* toute pièce d'orchestre en un ou plusieurs mouvements. C'est de là que naîtra, vers le milieu du XVIIIe, la *symphonie* classique, plus riche de style et de structure plus équilibrée. La *sinfonia* se maintient quelque temps encore en tant qu'ouverture à l'italienne, mais disparaît avant la fin du XVIIIe (v. *canzone*, *ouverture*, *sonate*).

LA SONATE

La sonate est une œuvre instrumentale en plusieurs mouvements, ordinairement très développée, et destinée à un petit nombre d'exécutants : en général, un ou deux. Il semble donc légitime de la rattacher à la musique de chambre : elle en a la richesse de langage et la force expressive. On serait tenté d'établir que la sonate est une forme essentiellement concertante (1) s'il n'existait, depuis Kuhnau, un type de sonate pour instrument seul qu'il n'est pas admissible de considérer comme une forme

(1) Elle l'était à l'origine : on verra plus loin que le XVIIe siècle est celui de la *sonate à trois*.

inférieure, encore que certains compositeurs en fassent le véhicule d'une virtuosité toute digitale et superficielle. Toutefois, à l'appui de cette thèse, on peut avancer que la sonate pour instrument seul, étant le plus souvent conçue pour le clavier, conserve des possibilités polyphoniques dont un Beethoven — créateur d'un type de sonate purement « dynamique », pourtant — a su tirer parti.

La sonate, apparue en Italie, au début du XVIIe siècle, résulte d'une fusion de la *canzone* et de la *suite* (v. ces mots), fusion qui longtemps, si l'on ose dire, ne fut qu'une confusion. On sait que vers la fin du XVIe siècle, les Italiens appelaient *canzone da sonar* toute pièce destinée à être jouée (« sonnée ») par des instruments, orgue, cuivres ou archets. Ce n'est qu'ensuite que s'imposa le terme de *sonate*, désignant une œuvre instrumentale de caractère polyphonique, par opposition à la *sinfonia*, d'écriture plus homorythmique. Au début du XVIIe, la sonate est une forme mineure ; son rôle le plus commun est de servir d'introduction ou d'interlude à une œuvre vocale, cantate ou opéra. Vers 1650, les Allemands la placent en tête de leurs *suites* ou *partite*. Un peu plus tard, ils désignent couramment sous le nom de sonate des suites en plusieurs mouvements d'où toute idée de danse est exclue. A la même époque (v. 1670), les Italiens distinguent la sonate d'église *(sonata da chiesa)*, de style fugué, de la suite de danses, qu'ils nomment sonate de chambre *(sonata da camera)*. Cependant les deux formes ont encore de nombreux points communs : sonate d'église et sonate de chambre comprennent en général quatre mouvements alternativement lents et rapides ; ici et là, c'est le violon qui domine : il est d'usage d'écrire ces pièces pour violon et basse continue, ou d'une façon plus générale pour deux violons et basse continue (*sonate à trois*). A la fin du XVIIe, Couperin introduit en France la sonate italienne. Un peu plus tard, les Allemands élargissent la forme : Kuhnau, en adaptant la sonate au clavecin seul, J.-S. Bach, en écrivant les premières sonates pour violon et clavecin obligé. Puis, vers le milieu du XVIIIe, c'est la grande évolution d'où sortira la sonate classique. Désormais toute parenté avec la suite, d'ailleurs en voie de disparition, est exclue. Avec Ph.-Em. Bach, Boccherini, Stamitz, la structure ternaire et bithématique de la sonate se cristallise, tandis qu'apparaît la notion de *développement*, qui prendra toute sa valeur chez Haydn, Mozart et Beethoven. La « forme sonate » est née. Elle s'imposera, dès la fin du XVIIIe siècle, comme la structure type de la musique de chambre et même de la musique symphonique. Depuis Debussy, de nombreux compositeurs cherchent à s'en évader alors que d'autres y reviennent périodiquement.

Structure. — Dans son magistral *Cours de composition*, auquel ce modeste essai doit beaucoup, Vincent d'Indy établit les trois points essentiels par lesquels, selon lui, la sonate diffère de la suite ; ce sont :

1° La réduction du nombre des mouvements à trois ou quatre (quelquefois cinq) ;

2° La substitution du style galant au style polyphonique fugué ;

3° L'apparition graduelle de la coupe ternaire, d'abord monothématique, puis bithématique.

Vincent d'Indy insiste beaucoup sur ce dernier point, qu'il juge spécifique. Ainsi, il n'hésite pas à faire remonter la sonate à Corelli, qui, le premier, aurait imposé le retour du dessin initial dans le ton principal.

Sans vouloir diminuer la portée de cette innovation, qui, en introduisant la notion de réexposition, a déterminé la coupe ternaire de la future sonate classique, on peut penser que d'Indy met en avant une question de structure qui n'est pas l'*essence* même de la forme. Pas davantage celle-ci n'est affectée par le nombre des mouvements : en fait, beaucoup de suites du temps de Corelli ne comportaient que quatre parties. Quant à la substitution du style galant au style polyphonique, elle marque le passage, d'une époque à une autre plutôt que celui d'un style à un autre, le mot style étant ici entendu dans ses rapports les plus étroits avec une forme donnée ; aussi bien cette substitution ne s'est-elle pas opérée du temps de Corelli, mais beaucoup plus tard.

En revanche, Vincent d'Indy n'accorde peut-être pas assez d'importance au fait que les maîtres italiens et allemands du XVIIe et du début du XVIIIe prirent peu à peu l'habitude de remplacer les titres de danses de leurs sonates de chambre par de simples indications de mouvement. Ce n'est cependant pas par hasard que l'Allemande devint *allegro*, la sarabande *adagio* et la gigue *presto* : ces nouvelles appellations correspondaient à une volonté déterminée d'ôter à ces morceaux tout caractère de musique de danse. Si les définitions qu'on a exposées au début de cet ouvrage sont exactes, une telle modification affecte plus directement l'esprit de la forme, et donc la forme même, que les considérations de structure et de style d'époque mises en avant dans le *Traité de composition.*

Les problèmes de structure que pose la sonate n'en demeurent pas moins très importants ; plus importants peut-être que ceux concernant toute autre forme. C'est que l'évolution de la sonate représente une des plus remarquables tentatives de l'esprit humain en vue d'organiser un monde sonore qui, par la pluralité des dimensions, transcende les structures monothématiques les plus complexes. A ce titre, les diverses structures successivement adoptées par la sonate et, à travers elle, par la musique symphonique et la musique de chambre, méritent d'être passées en revue avec un soin tout particulier. Il est certain que si sa structure ne suffit pas à définir la sonate, celle-ci ne saurait être définie sans en tenir compte.

La sonate pré-classique. — Le XVIIe siècle est celui de la sonate à trois ou sonate en trio, conçue pour deux violons et une basse continue (viole de gambe ou violoncelle, doublé ou non par un instrument d'harmonie : clavecin, orgue ou luth, chargé de « réaliser le chiffrage »). Ce type de sonate est essentiellement polyphonique, tandis que la sonate pour un violon et basse continue, qui ne prendra l'avantage qu'au début du XVIIIe siècle, tend évidemment vers un langage plus monodique. L'œuvre de Corelli (fin du XVIIe) résume assez bien les tendances de cette époque pré-classique où, dans bien des cas, sonate et suite ne se distinguaient guère l'une de l'autre sur le plan de la structure. A dire vrai, celle de la sonate, loin d'être fixée, en était alors au stade des expériences : tout au long de son œuvre, Corelli s'efforce de trouver un équilibre, essayant sans cesse de nouvelles coupes. Si la plupart des mouvements de ses sonates de chambre empruntent, selon la tradition, la « forme binaire » de la *suite* (v. ce mot), certains autres sont de construction ternaire ABA, la première exposition de A se terminant le plus souvent au relatif, ce qui rend nécessaire une bifurcation tonale lors de la réexposition. Les *graves* et mouvements fugués des sonates d'église sont traités avec une grande liberté : il arrive même fréquemment que le dessin initial d'un *grave* ne soit ni repris, ni évoqué dans la suite de la pièce. Parfois, sans qu'on puisse dire pour autant qu'il s'agisse là d'un second thème, le dessin principal d'un allegro est sectionné en deux fragments dont le premier est à la tonique, le second à la dominante (*gigue* de la IVe Sonate de l'opus 4). Corelli pressent-il plus directement encore la sonate classique et ses contrastes lorsqu'il intercale à plusieurs reprises un court adagio au sein d'un allegro ? (op. 3, XIIe Sonate). A-t-il l'intuition de ce que sera la forme cyclique chère à César Franck lorsqu'il établit une parenté entre les thèmes des différents mouvements ? (op. 1, X ; op. 2, I, III ; op. 5, X). Ce serait lui attribuer une forme de génie que ce génial compositeur n'a certainement pas eue. Aussi bien, toutes ces constructions ne lui étaient-elles pas personnelles ; beaucoup d'autres maîtres les avaient employées avant lui. L'œuvre de Corelli n'en est pas moins le carrefour de tous les essais contemporains.

On a vu que Vincent d'Indy attribuait à Corelli le mérite de cette trouvaille que fut la réexposition du dessin initial dans le ton principal. Que le maître de Fusignano soit ou non l'inventeur de la structure ternaire, qui en découle, cela est de peu d'importance. Il serait plus intéressant de retracer le processus qui aboutit à une telle découverte. La coupe ternaire n'apparaît-elle pas, en définitive, comme une sorte de compromis entre l'aria da capo et la « forme binaire » de la suite ? Mis à part les modifications d'écriture qui interviennent dans la réexposition, la gavotte finale de la VIIIe Sonate de l'op. 2 ne serait-elle pas un parfait exemple de da capo si la période A ne se terminait à la dominante, comme dans un morceau binaire ? En quoi l'allegro de la XIe Sonate de l'op. 5, dont les deux reprises se terminent à la tonique, diffère-t-il du da capo, si ce n'est qu'A′ n'est pas ici une simple redite de A, dont il diffère aussi sensiblement que le second volet d'une pièce binaire s'écarte parfois du premier ?

D'une façon générale, ces considérations de structure ne concernent que la pièce principale de la sonate, c'est-à-dire, en principe, le premier allegro, qui devait au cours du XVIIIe devenir également la pièce initiale, le prélude corellien se réduisant peu à peu aux dimensions d'une courte introduction, d'ailleurs facultative. On peut dire, avec Vincent d'Indy, que « l'effort du symphoniste semble s'être toujours concentré sur cette même pièce initiale, la seule qui, par une singulière lacune dans le vocabulaire musical, n'ait jamais eu de nom particulier » (1). Mais cette prépondérance du premier allegro de « forme sonate » — ainsi qu'on l'appelle ordinairement, faute d'un meilleur vocable pour le désigner — ne doit pas faire perdre de vue l'ensemble de l'œuvre.

Au temps de Corelli, la sonate comprend le plus souvent quatre mouvements, ordinairement répartis selon le schéma L. R. L. R. (2). Quelques sonates d'église et un plus grand nombre de sonates de chambre comportent cinq mouvements et même davantage ; mais il convient de noter que certains mouvements lents ne sont que des épisodes transitoires ne comptant pas plus de quelques mesures.

La « forme sonate » classique. — Superficiellement, il semble que la sonate pré-classique et la sonate classique obéissent à des plans tout différents. Cependant un examen tant soit peu approfondi de l'évolution de la forme montre que le passage de l'une à l'autre s'est fait presque insensiblement. Il avait suffi d'un élément nouveau, la rentrée du thème dans le ton initial, pour caractériser le type ternaire de l'allegro de sonate, par opposition au type binaire de la suite. Cette coupe ayant été couramment adoptée par les maîtres du XVIIIe siècle, leur effort devait logiquement se concentrer sur l'organisation interne de chacun des trois volets. On a vu que, dans la sonate pré-classique, le premier volet tendait vers la dominante ou le relatif et que cette tonalité nouvelle s'affirmait fréquemment par l'entremise d'un dessin secondaire B, en général conséquent de A, thème unique. L'histoire de la sonate au XVIIIe siècle est celle de l'émancipation de B. Peu à peu celui-ci se dégage de A, et, cessant de l'imiter, prend une tournure personnelle qui, plus tard, ira jusqu'au contraste systématique. Aussi solidement campé sur la dominante ou le relatif qu'A peut l'être sur la tonique, B affirme ses droits à l'égalité : le second thème est né. Il en résulte une subdivision en deux sections distinctes (et même en trois, si l'on tient compte de la nécessaire transition qui doit les relier) du premier volet ou exposition : la section « tonique », consacrée à A, et la science « dominante »,

(1) V. d'Indy : *Cours de composition*, II, 1, p. 158.
(2) L. : mouvement lent ; R. : mouvement rapide.

dont B est l'axe. Dans le troisième volet (réexposition), le problème est différent : la nécessité de conclure dans le ton principal oblige à une transposition de la section B du ton de la dominante dans celui de la tonique. Entre ces deux volets extrêmes se situe la partie médiane, sur quoi portera à son tour l'effort des compositeurs lorsque l'exposition et la réexposition seront définitivement organisées.

Sans anticiper sur la sonate beethovenienne, dans laquelle elle prendra une ampleur et une importance capitales, on peut dire de cette partie médiane que, dès le milieu du XVIIIe siècle, elle mérite le nom de *développement* qu'on lui donne de nos jours. Peu à peu, elle cesse en effet d'être un simple jeu de modulations se résumant en une répétition d'un même dessin ; bientôt elle va donner lieu à un véritable travail thématique, où les thèmes seront analysés et divisés en leurs éléments.

Mieux que l'analyse d'une partition, un tableau comparant le plan habituel de l'allegro initial de la sonate classique à celui de la pièce correspondante pré-classique est susceptible d'éclairer le lecteur sur l'évolution de la forme entre l'époque de Corelli et celle qui s'étend de Karl-Philipp-Emmanuel Bach à Mozart et Haydn. On notera cependant qu'il s'agit là d'un schéma, avec toute la rigidité que cela comporte ; dans la pratique, maint allegro de sonate s'en écarte plus ou moins, soit que le thème B revienne, dans la réexposition, avant le thème A (*Sonate en* ut *mineur* pour piano, de Mozart), soit que le développement prenne pour thème le motif de cadence qui clôt le premier volet (*Sonate facile en* ut *majeur*), soit qu'il introduise un élément nouveau (*Sonate en* sol *majeur*), soit que la rentrée de A se fasse à la sous-dominante (*Sonate facile en* ut *majeur*). Il arrive également que le morceau principal soit construit selon une tout autre coupe que celle de la « forme sonate » : tel est le cas de la *Sonate en* la *majeur*, dont le premier mouvement est un thème varié. La même observation peut être formulée en ce qui concerne la sonate pré-classique. On n'accordera donc au tableau de la page suivante qu'une valeur indicative.

Vers le milieu du XVIIIe, la sonate ne comporte généralement plus que trois mouvements, moins souvent quatre, quelquefois deux. Sans être d'une richesse de construction comparable à celle de la pièce principale, ceux-ci sont en voie d'organisation. Il s'agit pour chacun d'eux d'acquérir une structure propre ; aussi les vestiges de la suite seront-ils éliminés. Le mouvement lent, qui prend place immédiatement après l'allegro initial, adopte à son image une construction

L'allegro de sonate

PRÉ-CLASSIQUE monothématique	CLASSIQUE (« FORME SONATE ») bithématique
I. — *Exposition*	I. — *Exposition*
1) Thème A, au ton principal ; 2) B, conséquent de A, s'infléchit vers la dominante ; En principe, l'exposition se termine dans le ton de la dominante.	1) Thème A, au ton principal ; 2) Transition modulante, dite *pont* (vers le ton de la dominante) ; 3) Thème B, à la dominante ; ce thème, qui parfois procède encore de A, comprend en principe trois phrases : b′ b″ b‴ ; 4) Motif de cadence concluant à la dominante (parfois ce motif est d'une telle importance qu'il peut être considéré comme un thème C).
II. — *Divertissement*	II. — *Développement*
Partie modulante : jeu d'imitations sur A ou B, préparant la rentrée dans le ton principal.	Travail thématique modulant sur A et B, parfois sur C s'il y a lieu, préparant la rentrée dans le ton principal.
III. — *Réexposition*	III. — *Réexposition*
1) Thème A, au ton principal ; 2) B, également au ton principal.	1) Thème A, au ton principal ; 2) Pont, qui aboutit cette fois au ton principal ; 3) Thème B, au ton principal ; 4) Motif de cadence concluant dans le ton principal.

de type ternaire (1), celle de la « forme lied » (v. *lied*). L'usage s'est définitivement imposé de l'écrire dans une tonalité voisine du ton principal. Le *menuet* (v. ce mot), facultatif, s'oriente vers la « forme sonate ». Le finale emprunte à l'école française la forme du *rondo* (v. ce mot) qui ne tardera pas à évoluer vers celle, plus riche, du rondo-sonate.

La sonate beethovenienne. — Beethoven n'abandonne pas le moule de la « forme sonate » mis au point par ses devanciers. Cependant, il y introduit des conceptions si hardies qu'on peut voir en lui le créateur d'un nouveau type de sonate. Avec Beethoven, le thème cesse d'être un simple dessin ; il devient en quelque sorte une idée, un personnage. C'est ce qui explique la nette différenciation des deux thèmes principaux de l'allegro de sonate beethovenien : A est le principe masculin, B le principe féminin. Comme tels, ils agissent : si les parties non

(1) Mozart lui donne fréquemment la même structure que l'allegro initial.

modulantes se contentent de les peindre, les passages modulants, c'est-à-dire les transitions et développements, deviennent des sortes de drames où tour à tour l'un prend l'avantage sur l'autre. L'importance du développement dans la sonate de Beethoven est donc relativement beaucoup plus grande que dans les sonates du XVIIIe. Aussi bien, le développement beethovenien met en œuvre des notions qui, sans être toutes absolument neuves, n'avaient jamais donné lieu à une telle organisation. Vincent d'Indy distingue, dans la sonate (et la symphonie) de Beethoven, six procédés principaux de développement :

1° *Le développement rythmique :* il s'agit de la persistance d'un rythme déja entendu sous une autre mélodie et d'autres harmonies ;

2° *Le développement mélodique :* la mélodie reste intacte, tandis que changent le rythme et l'harmonie ;

3° *Le développement harmonique :* ici c'est l'harmonie qui reste en place ; rythme et mélodie se transforment ;

4° *L'amplification :* c'est, par l'adjonction de notes supplémentaires ou l'agrandissement de l'ambitus mélodique, la mise en valeur particulière d'un élément thématique ;

5° *L'élimination :* processus inverse, qui consiste à supprimer certaines notes constitutives du thème ;

6° *La superposition :* plusieurs thèmes ou fragments de thème sont entendus simultanément.

Autre particularité de la sonate beethovenienne : la division de B en trois phrases, déjà entrevue à propos de la sonate classique, devient ici une règle générale. En outre, il convient de signaler l'ampleur que prend le « pont » entre A et B, dans l'exposition comme dans la réexposition, et l'usage de plus en plus fréquent d'une coda terminale, qui succède à la réexposition ; cette coda, dont les dimensions sont parfois considérables, est souvent précédée d'un second développement.

Certaines œuvres exceptionnelles (l'*Op. 111*, par exemple) mises à part, le plan général de la sonate beethovenienne diffère assez peu du plan traditionnel. Les sonates en trois mouvements sont les plus nombreuses ; un très petit nombre n'en comportent que deux. En ce qui concerne les sonates en quatre mouvements, on a déjà vu que Beethoven avait remplacé le menuet par le scherzo (v. ce mot), généralement intercalé entre le mouvement lent et le finale. Comme dans la sonate classique, ceux-ci font respectivement appel à la « forme *lied* », que Beethoven élargit (lied développé, lied-sonate), et, pour le finale, à celle du *rondo* — plus précisément, du rondo-sonate (v. ces mots).

On voit que l'idée de l'identité nécessaire des différents mouvements, abandonnée depuis la suite, est en voie de réapparition. Les trois parties essentielles de la sonate tendent à adopter une structure semblable, le lied-sonate et le rondo-sonate procédant évidemment de la « forme sonate ». Mais là ne se bornent pas les progrès de l'idée d'unité. Reprenant, consciemment ou non, une conception chère aux maîtres allemands et italiens du XVIIe, Beethoven songe à bâtir l'ensemble d'une sonate ou d'une symphonie sur un même thème ; mieux : sur une même cellule. C'est l'origine de la sonate cyclique, dont César Franck, après les essais de Schumann et de Liszt, sera le créateur.

La sonate cyclique. — La cellule est, parmi les figures sonores dont se compose un thème, la plus caractéristique ; par conséquent, celle dont le compositeur fera le plus abondant usage dans la construction de l'œuvre. Elle est, par définition, irréductible : on ne peut la simplifier, en retrancher la moindre note sans, du même coup, lui ôter toute signification.

La cellule peut être rythmique (fig. 10), ou mélodique (fig. 11).

L'exemple de la Sonate de Franck, maintes fois cité, est typique de l'emploi de la cellule génératrice : cette simple figure, en effet, est à l'origine des principaux thèmes autour desquels s'organisent les quatre mouvements de l'œuvre. Certains commentateurs distinguent deux autres cellules secondaires (fig. 12), mais n'est-il pas évident que l'une et l'autre procèdent de la cellule mère, dont l'élément caractéristique est moins l'intervalle de tierce ou le nombre des notes que le mouvement ascendant aboutissant à un large accent expressif, et suivi d'un mouvement descendant. Considérées sous cet angle, les prétendues cellules secondaires n'ap-

Fig. 10. — *Sonate op. 106* (Beethoven)

Fig. 11. — *Sonate* (Franck)

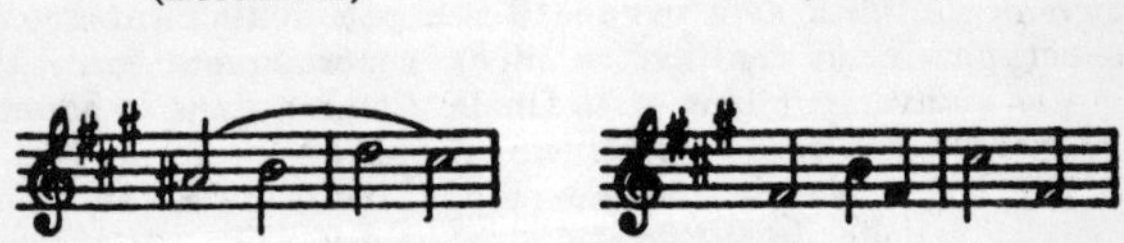

Fig. 12. — *Sonate* (Franck)

paraissent que comme des variantes de la cellule unique : on y retrouve le même mouvement ascendant et descendant (deux fois exprimé dans la dernière), le même accent sur la note culminante du dessin mélodique.

Sans doute, tout thème comporte-t-il une cellule : on pourrait assez facilement déterminer celle de tel sujet de fugue du XVIIe. Mais, on l'a vu, la notion de développement par l'analyse et la division des thèmes n'est apparue qu'au siècle suivant. C'est ce qui explique qu'il ait fallu attendre le XIXe pour voir germer l'idée d'un cycle entier, sonate ou symphonie, procédant intégralement d'une simple division de thème (1).

Du temps de Franck, d'autres tendances assez semblables se font jour. Avant lui, Liszt a tenté de renouveler la structure de la sonate dans un esprit proche de la conception cyclique ; mais sa *Sonate* pour piano, de plus de vingt ans antérieure aux œuvres marquantes du maître franco-belge, souffre moins d'une construction très libre qui l'apparente à la fantaisie que d'une évidente faiblesse dans le développement thématique. Brahms, Fauré paraissent conserver le moule classique ; mais chez l'un, la formule cyclique fait plus d'une apparition *(Sonate pour violon et piano, op. 78)* ; et que de modulations inattendues chez le second ! Pourtant toutes ces sonates ont des points communs : abondance des modulations, hardiesse du plan tonal, richesse harmonique, amour de la dissonance ; et, chez certains (Franck), chromatisme sans cesse plus poussé : l'influence de Wagner s'étend jusqu'à la musique de chambre. L'heure de la dissociation du système tonal n'est plus très loin. Elle va sonner avec l'apparition d'Arnold Schœnberg.

La suite-sonate schœnbergienne. — Tandis que l'école française du début du XXe siècle renouvelle pour un temps le style de la sonate, mais non sa structure, si ce n'est par un effort de simplification, Schœnberg découvre le nouveau monde sonore : celui de la non-tonalité. L'ayant exploré, il entreprend de l'organiser et, dans ce but, se forge un instrument de travail : la technique sérielle. Le thème idéal prend ici l'aspect d'une série de douze notes exprimant l'ensemble des douze sons de la gamme chromatique. D'abord présentés dans leur ordre original, ces douze sons peuvent l'être par mouvement inverse ou rétrograde, ou les deux à la fois ; à chaque retour, leur rythme peut se modifier. Ainsi se crée une sorte de variation

(1) Il est juste de signaler qu'une œuvre à demi-cyclique comme l'*Art de la fugue* avait déjà réalisé, quoique d'une tout autre manière, cette unité.

Fig. 13. — *Quatuor op. 28* (Webern)
Cette « série » est entièrement construite sur les quatre notes qui, selon la notation allemande, figurent le nom de Bach

perpétuelle, qui semble bien être l'un des côtés les plus attachants de l'univers schœnbergien. A tort ou à raison, le maître viennois s'est ingénié à faire entrer cette conception dans le moule de la « forme sonate » *(Ouverture* de la *Suite, op. 29)*. Chez lui, cette structure conserve quelques-uns de ses aspects beethoveniens : Schœnberg, lorsqu'il s'interdit dans la réexposition toute reprise textuelle d'un fragment de l'exposition, ne tire-t-il pas l'ultime conséquence de l'esprit de renouvellement incessant qui se manifeste dans les dernières sonates du maître de Bonn ?

Le lecteur s'étonnera peut-être qu'on puisse parler de « forme sonate » à propos d'une œuvre intitulée *Suite*. Cette contradiction n'est qu'apparente. En fait, Schœnberg crée là un nouveau type de sonate, qu'on pourrait appeler *suite-sonate* : n'emprunte-t-il pas à l'une sa structure générale, à l'autre quelques-unes de ses structures particulières ? Souvent un même thème, émanation d'une même *série*, anime les différents mouvements de l'œuvre, qui par là se rattache à la tradition cyclique. Dans l'une des plus célèbres, la *Suite lyrique* pour quatuor à cordes, d'Alban Berg (1), chacune des six parties procède d'un ou plusieurs motifs ou thèmes déjà entendus au cours d'un précédent mouvement. Seule la première fait évidemment exception ; mais ce mouvement initial n'en est pas pour autant le moins intéressant. Il comporte une exposition et une réexposition, sans développement central ; cependant un examen plus attentif de la partition montre que le développement est inclus dans l'exposition et la réexposition, sous

(1) Le lecteur nous excusera de devoir emprunter ces exemples à des œuvres qui ne sauraient être considérées comme des sonates. N'oublions pas que la sonate est à la base de toute la musique de chambre.

forme de variation perpétuelle. On retrouve dans cette œuvre quelques-unes des structures propres à la sonate : notamment celles du rondo (deuxième mouvement) et du scherzo (troisième et cinquième mouvement). Quant à l'idée de cellule, elle n'est nulle part mieux en lumière que dans le *Quatuor*, op. 28, d'Anton Webern, autre disciple de Schœnberg. N'est-il pas évident que la série tout entière — et par suite, l'œuvre — procède ici des quatre notes symbolisant le nom de Bach ? (fig. 13).

Ainsi résumées — trop brièvement sans doute — l'évolution de la structure dans la sonate et les formes qui en découlent apparaissent comme une suite logique d'acquisitions nouvelles, une incessante recherche de l'unité à travers une diversité toujours plus grande. Dès qu'il a trouvé un équilibre, l'artiste s'empresse de le détruire par l'introduction d'un élément nouveau. La suite, dans son uniformité binaire, était une forme parfaitement équilibrée. L'apparition du second thème, la disparité des mouvements, a posé un problème auquel l'histoire entière de la sonate s'efforce de trouver une solution. De cette perpétuelle remise en question, il résulte une complexité croissante de la structure musicale, qui n'est pas sans dérouter l'auditeur, déjà choqué par la multiplication des dissonances : souvent on voit une rupture là où il n'y a qu'un prolongement.

LA SUITE

La suite est une succession (une *suite*) de mouvements de danse de caractère différent, mais de même tonalité et le plus souvent de structure identique. C'est, de toutes les formes instrumentales composées (en plusieurs mouvements), la plus ancienne : son origine remonte au Moyen Age, où il était déjà d'usage de grouper certaines danses deux à deux. Au XVIe siècle, les luthistes italiens enchaînent couramment deux paires de danses, y ajoutant parfois une *toccata* en manière de postlude. Le *double* (variation) apparaît également à cette époque. Le style de la *suite* va s'épanouir au cours du XVIIe, sous l'impulsion de maîtres italiens (de Frescobaldi à Corelli), allemands (Peurl, Fröberger, Schein), et anglais (Locke, Purcell), qui lui donnent

une grande richesse polyphonique. A la fin du XVIIe, les « ordres » du Français Couperin comptent parmi les œuvres marquantes du genre. Au XVIIIe, les célèbres *Partite* (ou *Suites allemandes*) de J.-S. Bach marquent un aboutissement au delà de quoi la forme cesse de prospérer. Sous l'influence du style « galant » alors à la mode, elle fait place dans la seconde moitié du XVIIIe au *divertimento*, à la *sérénade* et à la *cassation* (voir ces mots), qui s'en écartent par la structure comme par le langage. Quelques tentatives visant à remettre la suite en honneur ont été faites au XXe siècle. Ravel, Milhaud et Schœnberg, notamment, ont cherché à rendre vie à cette forme longtemps abandonnée.

Structure générale. — La structure type de la suite, telle qu'elle fut imposée par Fröberger en 1650, se fonde sur la succession de mouvements modérés ou lents et de mouvements rapides. Elle comprend au moins quatre parties, ainsi disposées : allemande, courante, sarabande, gigue. Mais entre la sarabande et la gigue peuvent s'intercaler diverses autres danses : par exemple, une paire de menuets (*Première suite française* de J.-S. Bach) ou une gavotte et une aria (*Quatrième suite française*). Parfois le nombre de ces pièces facultatives est assez élevé : on en compte quatre dans la *Sixième suite française*, ce qui porte le nombre total des mouvements à huit.

Parmi les danses les plus couramment incorporées à la suite — ou à la sonate de chambre italienne, qui s'organise selon des règles semblables — on cite encore la pavane, la gaillarde, la bourrée, le rigaudon, le loure, la forlane, la saltarelle, le branle, le passepied, la chacone et la passacaille. Ces deux dernières y prennent presque toujours, en raison de leurs proportions, un sens conclusif (*Partita en* ré *mineur* pour violon seul de J.-S. Bach). On notera aussi que la sarabande est parfois remplacée par une aria. Enfin, l'usage du *double*, dont on verra plus loin la définition, est des plus fréquents.

Il arrive souvent que l'allemande, morceau initial de la suite, soit précédé d'un vaste prélude (*Suites allemandes* de J.-S. Bach). Lorsque ce prélude se présente sous la forme d'une ouverture à la française, l'ordre des diverses pièces suivantes se trouve généralement modifié. Il s'agit en quelque sorte ici d'un autre type de suite, comme le montre la désignation d'*ouvertures* qu'applique J.-S. Bach à ses suites d'orchestre, ainsi conçues. La première, en ut majeur, se compose de l'ouverture proprement dite, d'une courante, d'une double gavotte, d'une forlane, d'un double menuet, d'une double bourrée et d'un double passepied (chacune des pièces doubles étant reprise *da capo*).

La partita. — Partita est le nom que les Allemands donnent à la suite. Cependant intervient ici une nuance qu'il était nécessaire de signaler. Le terme de partita implique généralement l'idée de variation (J.-S. Bach intitule son choral varié *partita*). En fait, dans la tradition germanique, les autres mouvements de la suite découlent souvent du premier. Cette dépendance, qui n'a rien de bien rigide, est conditionnée par l'emploi de motifs communs et la similitude des modulations. Si beaucoup de suites intitulées partite s'affranchissent de cette règle, le plus grand nombre s'y astreint. La *sonata da camera* italienne l'observe fréquemment (*Deuxième sonate* de Vitali).

L'ordre. — Certains maîtres français — plus précisément : François Couperin et ses disciples — intitulent leurs suites : *ordres*. Si l'on considère que la suite possède une structure bien établie — celle déterminée par Fröberger —, on peut dire de l'ordre qu'il n'est pas toujours une suite ; mais on a vu que les suites d'origine française, ou tout au moins celles qui se placent sous le signe de l'ouverture à la française s'écartent elles aussi de ce type. On peut donc regarder l'ordre comme une suite de structure générale assez libre, groupant un nombre de pièces parfois très élevé. *Les folies françaises* de Couperin comprennent douze morceaux aux titres évocateurs et charmants :

1. *La Virginité* (sous domino invisible) ;
2. *La Pudeur* (sous domino rose) ;
3. *L'Ardeur* (sous domino incarnat) ;
4. *L'Espérance* (sous domino vert) ;
5. *La Fidélité* (sous domino bleu) ;
6. *La Persévérance* (sous domino gris de lin) ;
7. *La Langueur* (sous domino violet) ;
8. *La Coquetterie* (sous différents dominos) ;
9. *Les Vieux Galants* et *Les Trésorières Surannées* (sous dominos pourpre et feuille morte) ;
10. *Les Concours Bénévoles* (sous domino jaune) ;
11. *La Jalousie Taciturne* (sous domino gris de Maure) ;
12. *La Frénésie ou le Désespoir* (sous domino noir).

La suite moderne. — Souvent plus libre encore dans son ordonnance est la suite contemporaine. Dans leur souci de renouer avec les anciennes formes, certains maîtres y introduisent la fugue, qui n'y figurait aux XVIIe et XVIIIe siècles qu'à titre exceptionnel, à l'intérieur de la pièce liminaire (prélude ou ouverture). *Le tombeau de Couperin* de Ravel se compose de six pièces : prélude, fugue, forlane, rigaudon, menuet et toccata. La *IIe Suite symphonique* de Mihlaud comprend une ouverture, un prélude et fugue, une pastorale, un nocturne et un final. Plus complexe de structure apparaît la suite-sonate schœnbergienne, qui se rattache sans doute davantage à l'art de la *sonate* (v. ce mot).

La structure interne : la « forme binaire ». — Si l'on excepte les pièces traitées en rondo, très fréquentes dans les ordres français, mais beaucoup plus rares chez les auteurs allemands et italiens et celles où domine l'esprit de variation (chacone et passacaille), l'ensemble des mouvements de la suite obéit à une même structure. De même que la coupe ternaire est liée à la sonate, la « forme binaire » — à laquelle les Allemands donnent le nom de « lied en deux parties » — se rattache à la suite. Mais alors que dans la sonate classique seul le mouvement initial est traditionnellement de « forme-sonate », dans la suite, l'allemande, la courante, la sarabande et la gigue (ainsi que la plupart des pièces facultatives) s'organisent de façon identique. Il en résulte une homogénéité de structure qui, jointe à la tonalité unique de l'ensemble et — parfois — à l'utilisation cyclique de mêmes motifs, assurent à la suite une unité certaine.

La structure binaire se caractérise par la division d'une pièce en deux volets de dimensions sensiblement égales : vers le centre du morceau se place une double barre de reprise indiquant que chacune des deux parties doit être jouée deux fois. La première moitié prend fin sur une cadence dans le ton de la dominante. Si l'on prend à titre d'exemple une pièce particulièrement simple, comme la *Courante* de la *VIe Suite française* de J.-S. Bach, il est aisé d'observer comment la mélodie et l'harmonie, une fois exposé le motif initial, s'infléchissent vers cette tonalité nouvelle (cinquième mesure), y modulent (huitième mesure), s'y installent (neuvième mesure) et y concluent provisoirement (seizième mesure). Après la double barre, l'opération inverse va se dérouler ; mais ce retour au ton initial n'est pas sans donner lieu à quelques incursions dans diverses tonalités voisines : ainsi sont rapidement explorées les régions du relatif (dix-huitième mesure), du deuxième degré (vingt et unième mesure) et de la sous-dominante (vingt-sixième mesure). Le matériel thématique de cette seconde partie est généralement emprunté à la première : on y retrouve, traités différemment, les mêmes dessins mélodiques. L'imitation de la formule conclusive est de règle ; celle du motif initial, des plus fréquentes.

Parfois la première partie ne conclut pas à la dominante, mais au relatif. Ce plan tonal est particulièrement en usage dans les suites en mineur. Ainsi, trois des six pièces dont se compose la *IIe Suite française* ont leur cadence centrale au relatif. Au cours du XVIIIe siècle, cette pratique, concernant les œuvres écrites en mineur, prendra progressivement l'avantage : dans la sonate classique, elle deviendra de règle.

On résumera ainsi le schéma de la « forme binaire » *(AB)* :

A) Première partie	B) Deuxième partie
progressant du ton initial vers celui de la dominante ou du relatif :	: revenant par diverses modulations dans le ton principal

Les doubles. — Il arrive fréquemment dans le cours d'une suite qu'une pièce soit suivie de son double, sorte de variation de caractère ornemental (1). L'origine en est lointaine : à la fin du XVe siècle déjà, les vilhuelistes espagnols enrichissaient leurs airs de danse de *differencias* improvisées. C'est au XVIIe que l'usage s'établit d'écrire les doubles. Ceux-ci, dans leur forme la plus simple, se résument en une ornementation plus ou moins poussée de la mélodie. C'est ainsi que J.-S. Bach, à l'exemple des maîtres français, désigne le double d'une des pièces de la *IIe Suite anglaise* par la formule : « Les ornements de la même sarabande ». Mais le double peut prendre l'aspect plus subtil d'une paraphrase et, sans cesser d'évoquer la pièce dont il procède, se garder d'en reproduire les contours précis. La *Courante* de la *Partita en* si *mineur* pour violon seul de J.-S. Bach n'a de commun avec son double que l'harmonie (non exprimée ici, mais intensément suggérée) ; cependant ce lien suffit à l'oreille pour rattacher l'un à l'autre (v. *variation*).

LA SYMPHONIE

La symphonie est une composition de proportions généralement assez vastes, comprenant plusieurs mouvements et faisant appel aux ressources

(1) Certaines pièces en comportent plusieurs. Cette multiplication des doubles est probablement à l'origine du thème varié cher aux classiques.

de l'orchestre symphonique, ou tout au moins d'une partie de cet orchestre *(symphonie pour cordes, symph. de chambre)*. On la distinguera de la *sinfonia* (v. ce mot), qui n'en est à l'origine que partiellement, l'influence de la musique de chambre sur sa gestation étant au moins aussi évidente. Elle apparaît vers le milieu du XVIIIe siècle, et en quelque sorte simultanément en Italie (Vivaldi, Sammartini), en Allemagne (Stamitz et l'école de Mannheim), en France (Gossec), en Autriche (Cannabich), en Angleterre (J.-Chr. Bach). Par la succession de ses différents mouvements comme par leur structure interne, la symphonie imite la sonate ; aussi l'on a pu dire avec raison que la symphonie était une sonate pour orchestre. Quant au style de la symphonie, il est caractérisé par la diversité de l'orchestration ; les instruments à vent, notamment, y sont beaucoup plus individualisés que dans la sinfonia antérieure. Haydn (que l'on a surnommé, à tort, « le père de la symphonie ») et Mozart, tirant parti des acquisitions de leurs prédécesseurs, écrivent les premiers chefs-d'œuvre du genre. Au XIXe, avec Beethoven, qui remplace le menuet par le scherzo, augmente l'orchestre et y joint en une occasion les chœurs, la symphonie prend des proportions énormes, qu'elle conserve chez Schumann et Brahms et qui augmentent encore avec Bruckner et Malher. Les impressionnistes la négligent, mais elle retrouve une partie de son actualité après la guerre de 1914-1918 (*IIIe Symphonie* de Roussel, *Symphonie pour cordes* d'Honegger, *Symphonie en trois mouvements* de Strawinsky).

Structure. — La symphonie, étant construite sur le plan de la sonate, ne pose pas de problèmes de structure particuliers (1).

(1) On ne saurait entrer ici, bien évidemment, dans la discussion ou même l'exposé des problèmes esthétiques très complexes que

Toutefois, alors que la sonate classique ne comporte souvent que trois mouvements, la symphonie en a ordinairement quatre : un allegro, parfois précédé d'une courte introduction ; un mouvement lent, andante ou adagio ; un menuet, souvenir de la suite de danses ; un finale, très rapide. A partir de Beethoven, le menuet fait place au scherzo, qui s'intercale parfois entre l'allegro initial et le mouvement lent *(IXe Symphonie)*.

La structure interne de chacun des mouvements est, en principe, imitée de la *sonate* (v. ce mot). La variété des timbres de l'orchestre et la multiplicité des instruments autorisent toutefois de plus larges proportions et des développements plus fournis. C'est ce que les musiciens du XIXe ont peut-être trop bien compris : à partir de Beethoven, la symphonie et l'orchestre symphonique s'accroissent simultanément. Au temps de Mozart, l'orchestre se composait, outre le quintette à cordes (pupitres de premiers et seconds violons, altos, violoncelles et contrebasses), d'une ou deux flûtes, deux hautbois, deux bassons et deux cors, auxquels étaient venues s'ajouter les trompettes et les timbales, puis les clarinettes. Beethoven y introduit la petite flûte et les trombones, puis le contre-basson et une batterie assez fournie ; parallèlement, les pupitres de cordes s'élargissent, le nombre des cors double (on en compte quatre dans la *IXe Symphonie*). A la fin du XIXe siècle, l'énorme orchestre post-wagnérien va de pair avec les symphonies très développées — interminables, disent les adversaires de cette esthétique — des Brahms, Franck, Chausson, Dukas, d'Indy, Tchaïkovsky, Bruckner, Mahler. C'est contre cette double boursouflure que réagit Schœnberg en écrivant, au début du XXe, sa brève *Symphonie de chambre*, pour quinze instruments.

LA SYMPHONIE CONCERTANTE

La *symphonie concertante* réalise la synthèse de la symphonie et de l'ancien *concerto grosso* : c'est une sorte de concerto à plusieurs solistes (généralement deux ou trois), dont le style et la structure sont ceux de la symphonie. Cette forme, qui connut une

posent certaines œuvres-clés, telles que la *Ve Symphonie* de Beethoven — problèmes qui pourraient faire l'objet d'un « traité de la forme tonale » où seraient étudiées les grandes acquisitions beethoveniennes (le dépassement de la thématique, le matériau commandant la structure, etc.).

grande vogue dans le dernier tiers du XVIIIe (Mozart en a laissé les chefs-d'œuvre), n'a pas eu de descendance très marquante : le XIXe l'a presque totalement négligée — encore que le *Double concerto* pour violon et violoncelle de Brahms, par exemple, puisse se situer dans sa lignée — ; au XXe, on cite la *Symphonie concertante* de Franck Martin.

LE TIENTO

Le *tiento* (tiento : tâtonnement) est une forme instrumentale espagnole, analogue au *ricercar* italien. Comme celui-ci, il apparaît au XVIe siècle, mais alors que le ricercar est d'abord conçu pour le luth, le *tiento*, qui utilise l'orgue, fait état d'une écriture et d'un style plus riches. Dans les *tientos* de Cabezon, le maître du genre, on trouve un mélange d'écriture en imitations et de style d'improvisation, de rythmes ternaire et binaire, de diatonisme et de chromatisme qui témoigne d'une recherche incessante, et d'une certaine avance sur l'art des polyphonistes instrumentaux italiens — avance que ceux-ci combleront au XVIIe, siècle de décadence pour la musique espagnole.

LA TOCCATA

Comme le prélude et la fantaisie, la toccata (de *toccare* : toucher) est une pièce essentiellement instrumentale, mais plus particulièrement destinée au clavier : orgue, clavecin ou piano. Il est probable qu'elle provienne des sonneries de trompe qu'on faisait entendre au Moyen Age du haut des beffrois ; d'où son caractère souvent héroïque et l'abondance d'accords brisés qu'on y trouve, tout au moins à l'origine. La toccata remplace assez fréquemment le prélude en tant que pièce liminaire (*Toccata et fugue en* ré *mineur* de J.-S. Bach). Elle prend forme au XVIe siècle ; le XVIIe est son âge d'or. Délaissée à partir de 1750 environ, elle reparaît épisodiquement chez certains maîtres romantiques (Schumann) et modernes (Debussy, Ravel), qui la traitent dans un esprit assez peu traditionnel.

Structure. — La toccata n'a pas de structure précise. C'est même, très probablement, une des formes instrumentales les moins construites. Les plus anciennes pièces connues — celles d'Andrea Gabrieli notamment — opposent l'écriture verticale (au début de l'œuvre) aux passages de virtuosité et parfois à des fragments polyphoniques en style d'imitations. Frescobaldi et ses disciples en font une improvisation méditative. J.-S. Bach la conçoit aussi bien comme une page brillante, toute en contrastes *(Toccata et fugue en* ré *mineur)* que comme une sorte de prélude assez charpenté *(Toccata* dite *dorienne)*. La toccata moderne, généralement écrite en valeurs courtes, apparaît comme un pièce de caractère brillant, au rythme permanent.

LE TRIO

On peut, succinctement, définir le trio comme un morceau instrumental ou vocal écrit à trois voix. Toutefois, il convient d'entendre le terme *trio* en au moins cinq acceptions différentes :

1° Au XVIIe et au début du XVIIIe, on appelait couramment *trio* la *sonate à trois* ; celle-ci, par un apparent paradoxe, était d'ailleurs confiée à quatre instrumentistes : deux violons et une viole de gambe, plus un clavecin qui, ne faisant que réaliser l'harmonie sous-entendue dans la basse, n'entrait pas en compte dans le nombre de parties réelles. De même, au début du XVIIIe, les *sonates à trois* de Telemann ne mettent en jeu qu'un violon et un clavecin, celui-ci comptant cette fois pour deux voix, qu'il exprime effectivement (v. *sonate*).

2° Depuis l'époque classique, le *trio* est une sorte

de sonate concertante pour piano, violon et violoncelle (Beethoven, Schumann). D'autres combinaisons instrumentales sont cependant possibles ; la plus courante est le *trio à cordes* : violon, alto, violoncelle (où l'alto est parfois remplacé par un second violon), illustré par Beethoven. Le *trio d'anches* comprend la clarinette, le hautbois et le basson.

3° Le *trio d'orgue* est une pièce à trois voix jouée sur deux claviers manuels, plus le pédalier, chaque voix étant fortement individualisée par la registration. L'écriture en est évidemment très contrapunctique (cf. le *choral en trio* ou la *sonate en trio* dans l'œuvre de J.-S. Bach).

4° Le *trio vocal* appartient à la musique lyrique. Il a sa place dans l'opéra ou la cantate, lorsqu'il faut exprimer quelque situation à laquelle trois personnages participent également (*Don Juan*, I, 3).

5° On appelle aussi *trio* la partie centrale de certaines pièces à reprises et *da capo* comme le *menuet* et le *scherzo* (v. ces mots). L'origine du terme remonte ici à Lulli, dont certains interludes étaient, par souci de contraste, confiés à deux violons et un alto, ou deux hautbois et un basson.

LA VARIATION

Selon l'angle sous lequel on la considère, la variation est une forme ou un procédé, ou les deux. Varier un thème, c'est le transformer sans en altérer l'essentiel, soit en l'ornant, soit en le transcendant, soit en donnant l'avantage aux dessins secondaires qui l'accompagnent. En tant que forme, la variation en englobe beaucoup d'autres, telles que la canzone, la chacone, le choral, la passacaille ; en tant que procédé, il n'est pour ainsi dire pas de structure dans l'élaboration de laquelle elle n'intervienne. L'idée de variation est sans doute presque aussi ancienne que la musique. On trouve de nombreux exemples de variation ornementale dans le plain-chant grégorien. Le principe même de la messe sur cantus firmus contient celui de la variation polyphonique. Mais l'organisation de la variation en tant que forme ne remonte guère qu'au XVIe siècle, sans qu'on puisse préciser si l'origine en est espagnole ou anglaise. Il faut la chercher dans les airs de danse que jouaient alors les violistes anglais et les luthistes espagnols : beaucoup comportaient des doubles (divisions ou differencias) qui sont déjà des variations (voir *suite*). Les differencias de Cabezon (milieu du XVIe), écrites pour l'orgue, font état d'une technique déjà très poussée, qui préfigure celle des chorals de Bach. Un peu plus tard, les virginalistes anglais portent la variation pré-classique à son point culminant. Les maîtres du XVIIe cultivent la forme sous ses différents aspects. Dans la première moitié du XVIIIe, Hændel, Rameau et surtout J.-S. Bach *(Chorals, Passacaille, Variations Goldberg)* en donnent quelques modèles célèbres. Si Haydn, Mozart et leurs contemporains abandonnent certaines formes de variation, ils accordent une attention particulière à l'une d'elles, le *thème varié*, qui fera fureur au cours de la première moitié du XIXe, donnant lieu à une foule d'œuvres faciles et brillantes, mais sans grand intérêt musical. Cependant les maîtres, de Beethoven à Franck, continuent d'honorer la variation. Le XXe siècle ne l'a pas négligée : elle est même fort en honneur dans le renouveau polyphonique de l'école viennoise. Ainsi la variation, instrumentale ou vocale, apparaît-elle comme la forme qui a le plus constamment attiré l'attention des grands compositeurs au cours de l'histoire de la musique occidentale.

FIG. 14. — *Les niais de Sologne* (Rameau)
(rondo) et son double

Fig. 15. — *Passacaille et fugue* (J.-S. Bach)
Variation IV : le thème est à la basse

Structure. — Le principe de la variation consiste à exposer un certain nombre de fois un même thème, sous divers aspects mélodiquement, rythmiquement ou harmoniquement différents. Selon Vincent d'Indy, on peut classer les nombreux procédés de variation en trois grandes catégories :

1° *L'ornementation rythmo-mélodique.* — Ce système de variation, sans altérer la substance du thème, le modifie cependant de façon intrinsèque, par l'adjonction de notes supplémentaires ou de groupes rythmiques accessoires. Déjà en usage dans le chant grégorien, ce procédé conserve les principaux accents, les cadences suspensives et conclusives, et même,

Fig. 16. — Chacone de la *Partita en* ré *mineur* pour violon seul (J.-S. Bach)

d'une façon générale, les notes extrêmes de la mélodie au grave et à l'aigu. Les doubles de la suite appartiennent généralement à ce type (fig. 14).

2° *La variation polyphonique.* — Par opposition au précédent, ce système de variation, essentiellement extrinsèque, n'affecte pas le thème, qui généralement demeure immuable ; il lui superpose un ou plusieurs dessins mélodiques, qu'expriment les autres voix. C'est de la combinaison des différentes parties que naît la variation : on a reconnu là le principe de la *passacaille* (v. ce mot) (fig. 15).

3° *L'amplification thématique.* — Ce système de variation, tout à la fois intrinsèque et extrinsèque, est plus subtil que les précédents : ici le thème n'est pas à proprement parler exprimé ; parfois même, à peine est-il suggéré. Pourtant, bien que les points de repère semblent faire défaut, l'analogie entre le thème et la paraphrase qui en procède est souvent évidente (fig. 16).

C'est à un effet analogue qu'aboutit ce qu'on pourrait appeler la *simplification thématique*, dont l'inventeur semble être

Beethoven. Ici le thème disparaît presque entièrement ; il n'est évoqué que par un seul de ces éléments constitutifs. Ainsi, dans la Ve variation du *XIVe Quatuor* de Beethoven, tout, à l'exception de l'harmonie, est éliminé.

Schœnberg et ses disciples poussent l'idée de variation à ses plus extrêmes conséquences. Partant d'un matériel thématique extrêmement réduit — en principe, une simple série de douze sons — ils s'efforcent, par la variation, d'en alimenter toute l'œuvre. Si la forme du thème varié est, chez eux, assez exceptionnelle (troisième mouvement de la *Suite*, op. 29, de Schœnberg), la notion de *variation continue* apparaît comme la base de leur esthétique.

LE VILLANCICO

Le terme de *villancico* désigne deux formes bien différentes selon qu'il s'applique à une œuvre du XVIe siècle ou à une œuvre des XVIIe et XVIIIe. Dans le premier cas, le villancico est un type de chanson artistique, sur un sujet profane ou religieux, où se manifeste une union assurément unique du style populaire et du style de cour. Au XVIIe, on donne couramment le nom de villancico à des sortes de cantates très proches de l'*anthem* anglais (v. ce mot).

Structure. — Le villancico du XVIe est constitué d'une série de refrains dans lesquels l'esprit de variation espagnol se manifeste, principalement en ce qui concerne les parties d'accompagnement, qui se modifient sans cesse. Il est courant qu'un même villancico comporte deux versions, l'une pour voix seule et instruments, l'autre pour chœur.

Le villancico des XVIIe et XVIIIe s'identifie à la cantate d'église telle que la pratiquent les diverses écoles occidentales de l'époque. On y distingue l'*estribillo*, pour chœur ou double-chœur et basse continue, des *coplas* ou couplets, réservés aux solistes.

BIBLIOGRAPHIE

BOUVET, *Les Couperin.*

CELLIER, *Les Passions de Bach et l'Oratorio de Noël.*

CHAILLEY, *Histoire musicale du Moyen Age.*

DUFOURCQ, *Cours d'histoire de la musique.*
— *J.-S. Bach, génie allemand, génie latin ?*
— *J.-S. Bach, le maître de l'orgue.*

EMMANUEL, *Histoire de la langue musicale.*

GASTOUÉ, *Les primitifs de la musique française.*

GÉROLD, *La musique au Moyen Age.*

INDY (D'), *Cours de composition musicale.*

KOECHLIN, *Gabriel Fauré.*

LANDORMY, *Brahms.*

LEIBOWITZ, *Schœnberg et son école.*

MARLIAVE, *Les quatuors de Beethoven.*

MASSON, *L'opéra de Rameau.*

PINCHERLE, *Corelli.*
— *Vivaldi.*

PIRRO, *L'esthétique de J.-S. Bach.*

PITROU, *J.-S. Bach.*

PRUNIÈRES, *Monteverdi.*
— *Le ballet de cour avant Lulli.*

QUITTARD, *Henry du Mont.*

RAUGEL, *Palestrina.*

RIEMANN, *Dictionnaire de la musique.*

SAMSON, *Palestrina, ou la poésie de l'exactitude.*

SCHWEITZER, *Bach, le musicien-poète.*

VAN DEN BORREN, *Etude sur le XVe siècle musical.*

WYZEWA et SAINT-FOIX, *Mozart, sa vie, son œuvre.*

TABLEAU CHRONOLOGIQUE

L'ÉVOLUTION DES FORMES

Les lignes horizontales pleines indiquent que la forme se maintient d'une époque à l'autre, ou (lorsque la flèche précède le nom de la forme) qu'elle a pris naissance dans une époque antérieure.

Les lignes tremblées ~~~ indiquent que la forme se modifie intrinsèquement (madrigal ~~~ madrigal dramatique).

Les lignes pointillées indiquent que la forme se survit mais sans conserver toute son importance.

Les accolades montrent une parenté très caractéristique entre plusieurs formes. Les flèches verticales indiquent qu'une forme est née d'une autre.

	GENRES	ART MÉDIÉVAL ET RENAISSANT (*polyphonie vocale*) du xe au xvie siècle	ART PRÉ-CLASSIQUE (*polyphonie et monodie*) du xviie à mi-xviiie siècle	ART CLASSIQUE ET ROMANTIQUE (*style harmonique*) de la mi-xviiie à fin xixe siècle	ART MODERNE xxe siècle
INSTRUMENTAL	*Musique de chambre*		SONATE ———	→ (SONATE CLASSIQUE) — ↓	——→
				TRIO — ↓	——→
				QUATUOR — ↓	——→
	Musique symphonique		SINFONIA ~~~	~→ SYMPHONIE — ↓	——→
			OUVERTURE ———	——→ ↓	
				POÈME SYMPHONIQUE —	——→
				RHAPSODIE —	——→
			CONCERTO GROSSO ~~~	→ SYMPH. CONCERTANTE —	———
				~→ CONCERTO —	——→
	Musique instrumentale et de danse			SÉRÉNADE —	———
				CASSATION	
				DIVERTISSEMENT - - -	- - -
		———	→ SUITE ~~~→	MENUET ↓	
				SCHERZO	
				RONDO - - -	- - -
				BALLADE INSTRUMENTALE	
				IMPROMPTU	
				ÉTUDE	

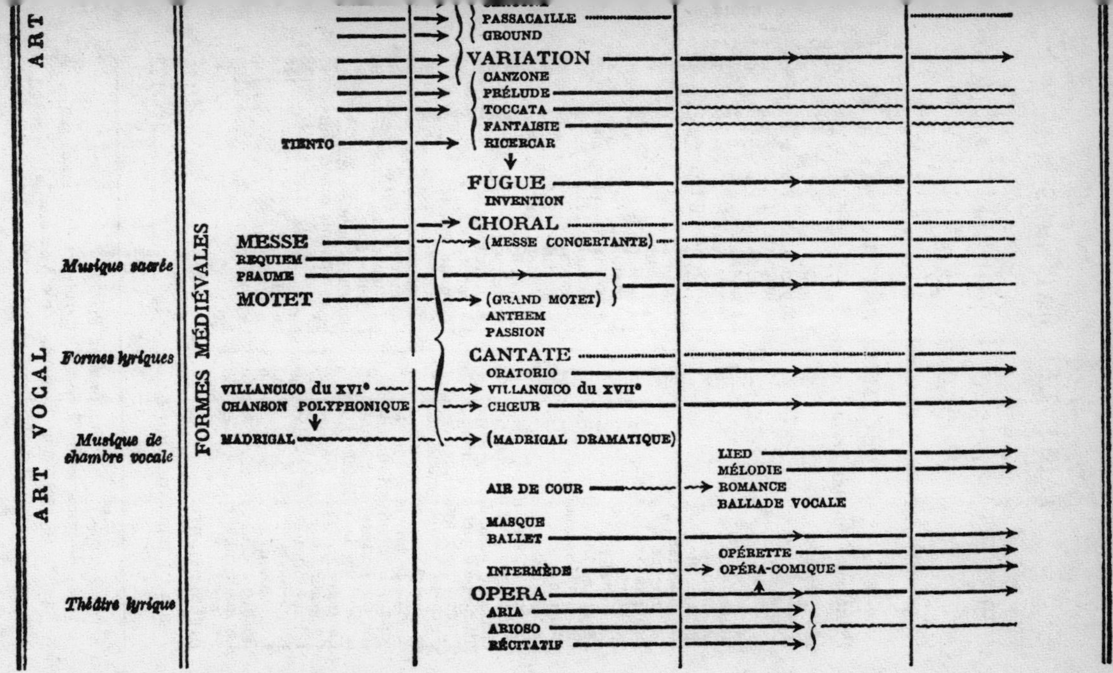
ART
ART VOCAL
Musique sacrée
Formes lyriques
Musique de chambre vocale
Théâtre lyrique
FORMES MÉDIÉVALES
PASSACAILLE
GROUND
VARIATION
CANZONE
PRÉLUDE
TOCCATA
FANTAISIE
TIENTO
RICERCAR
FUGUE
INVENTION
CHORAL
MESSE
(MESSE CONCERTANTE)
REQUIEM
PSAUME
MOTET
(GRAND MOTET)
ANTHEM
PASSION
CANTATE
ORATORIO
VILLANCICO du XVIe
VILLANCICO du XVIIe
CHANSON POLYPHONIQUE
CHŒUR
MADRIGAL
(MADRIGAL DRAMATIQUE)
LIED
MÉLODIE
AIR DE COUR
ROMANCE
BALLADE VOCALE
MASQUE
BALLET
OPÉRETTE
INTERMÈDE
OPÉRA-COMIQUE
OPERA
ARIA
ARIOSO
RÉCITATIF

TABLE DES MATIÈRES

Imprimé en France
Imprimerie des Presses Universitaires de France
73, avenue Ronsard, 41100 Vendôme
Octobre 1995 — N° 41 865